JN173787

日本を再生する66の提言

公益社団法人
日本青年会議所 編

幻冬舎

はじめに

今、日本は、グローバリズムとデフレーションに起因する多くの課題に直面しています。

教育においては、投票の仕方や選挙のルールを教えることが主権者教育だと勘違いされています。そうではなく、主権を行使できるだけの格と、政策を見極めるリテラシーを身につけることが本来の主権者教育なのです。つまり自国を誇れる国家観、他を慮る道徳心、国を支える主権者意識を兼ね備えた「真っ当な日本人」を育成することが真の主権者教育なのです。そのためには、国語、算数、理科は勿論のこと、政治、経済の仕組みに加え、道徳心、国史、安全保障に至るまでしっかりと義務教育課程で教えていかなければなりません。真の主権者教育が確立されてはじめて、教育無償化の議論へと進むことができるのです。

また経済において、日本は1998年以降20年間、デフレーションにさいなまれています。デフレは物価の下落だけでなく、国民の将来への希望をも奪い去ってしまう恐ろしい経済の病です。実際、この20年間で国民の実質賃金は15％も下がってしまいました。つまり、日本人は15％貧困化したということです。デフレの原因は需要の不足ですから、国民、企業、政府が消費と投資を増やしていけば、自然と脱却することができます。しかし、国民と企業は将来不安から、消費と投資よりも、貯金と貯蓄にお金を回してしまいます。ならば、残るは政府がお金を使うしかありません。そしてそれこそが、アベノミクス第二の矢「機動的な財政政策」だったはずです。「国の借金問題」「公共投資は悪だ」「人口減少で日本は衰退する」といったデマゴギーに騙されることなく、国民は政府の財政出動を後押ししなければなりません。そして、企業は生産性向上のために、人材育成と設備投資を行っていかなければなりません。

世界に蔓延しているグローバリズムに、日本がどのように対峙していくのかも喫緊の課題です。ヒト、モノ、カネが国境を越えて自由に移動するグローバリズムは、世界中の貧富の格差を拡大し、移民・難民、テロリズム問題を巻き起こしています。欧米先進国がグローバリズムに疲れ果て、ナショナリズムへと方向転換しようとしているにもかかわらず、日本は未だに、過度な規制緩和や移民受入というグローバリズム路線から脱していません。日本人は、運命共同体という「和」の国柄を再認識し、経済成長、自主防衛、課題解決型の強い民主主義を確立した自主自立国家日本を取り戻さなければならないのです。

まずは、左か右かの答えの出ない神学論争に終止符を打たなければなりません。そのための第一歩が憲法改正です。特に、北朝鮮のミサイル問題に鑑みれば、憲法に自衛隊の存在を明記し、日米同盟をより強固なものとすることで朝鮮半島有事に備えることが最も重要です。来るべき憲法改正発議に「自衛隊の存在明記」が盛り込まれるよう、日本青年会議所は立法府に国民の声を届けてまいります。そして、国民投票において、国民がメディアの喧伝に流されることなく、日本人としての正しい知識と意識をもって投票できるよう、憲法改正の必要性と自衛隊の存在意義を訴え続けてまいります。

公益社団法人　日本青年会議所は、政治を動かし社会を変える「政動社変」の団体です。そこで「誰もが夢を描ける日本への回帰」を２０１７年度の基本理念に掲げ、教育再生、経済再生を中心に政策を立案実行してまいりました。活動の中で強く感じたことは、日本の伝統を護る「保守」と、国民を豊かにする「経済（経世済民）」の両方を兼ね備えた「保守経済人」が非常に少ないということです。「保守」と「経済」は表裏一体。どちらが欠けても日本が抱えている課題を解決していくことはできません。そこで、一人でも多くの皆さんに、多岐に亘る課題を包括的に捉え、広い視野をもってその解決に向けた具体的な行動を起こしていただくために本書を発刊する運びとなりました。

本書が、グローバリズムに立ち向かう「保守」と、デフレーションから完全脱却する「経済」の両観点を兼ね備えた「保守経済人」を育み、自主自立国家へ向けて、日本を１ミリでも動かしていく一期一会の書籍となりますことを心から祈念いたします。
結びとなりますが、本書発刊にあたりご協力をいただきました全ての皆様に心から感謝を申し上げます。

自己成長を求め「日本道」を歩もう。
日本を変えるのはオレたちだ!!

公益社団法人　日本青年会議所
2017年度　第66代会頭　青木照護

目次

はじめに ……2
回答者一覧 ……14

【第一章】教育再生 ……17

1 日本は世界的にも高水準の学力を誇りますが、なぜ今、教育再生が必要なのでしょうか?
2 教育の完全無償化(幼児教育~大学教育)は実現しますか?
3 日本の教員と、先進国の教員の違いは何ですか?
4 日本の教育が優れている点と、劣っている点はありますか?
5 なぜ国史教育が必要なのでしょうか?
6 法と証拠に基づく歴史認識は、日本の未来にどのような影響を与えますか?
7 なぜ、間違った歴史認識が定着したのでしょうか?

8 なぜ、中国や韓国の言い分がまかり通ってしまうのでしょうか？
9 なぜ今、家庭の教育力向上が必要とされているのでしょうか？
10 学習指導要領の改訂により「考え、議論する道徳」へ転換がなされましたが、そのポイントは？
11 政治家に政治を私的利用されないようにするには？
12 小中高校生に対し、今後はどのような政治教育が必要ですか？
13 インターネット投票を導入するとどのような効果が出ますか？
14 若者の投票率が上がると、選挙はどう変化しますか？
15 英語の公用語化は必要ですか？

第二章 経済再生

……49
16 国民経済の仕組みを教えてください
経済が簡単に分かる漫画「デフコン!!」
17 日本はなぜデフレから脱却しなければいけないのでしょうか？
18 財政出動の拡大は必要なのでしょうか？
19 インフラ投資は今後も必要ですか？
20 公共工事の経済効果はどれくらいありますか？

21 「規制緩和」について詳しく教えてください
22 「農協改革」について教えてください
23 外国人労働者を多く受け入れていますが、日本はどうなるのでしょうか?
24 トランプ大統領による日本経済への影響はありますか?
25 日本は裕福な国だから、貧困はないのでは?
26 マイクロファイナンスについて教えてください
27 会社はいったい誰のものですか?
28 今後、求められる企業経営の在り方とは?
29 日本企業に求められる社会貢献活動とは、どのようなものでしょうか?
30 日本のマスメディアが「少し変わっている」と言われるのはなぜでしょうか?
31 新しいメディアの台頭により、メディアをめぐる状況はどう変化しましたか?
32 メディアリテラシー教育に求められることとは?
33 シンギュラリティとは何でしょうか?
34 仕事はAIに取って代わられてしまうのですか?
35 人工知能が発展すると人はどう変化しますか?
36 人格をPC等にダウンロードすることは可能になりますか?

第三章 安全保障……157
37 軍隊を持つ意味とは?
38 ミサイルを国土に打ち込まれたら、日本はどう対応すべきですか?
39 個人情報や財産をサイバー攻撃から守るには、国や個人はどう対策すべきですか?
40 日本の食料自給率について教えてください

第四章 憲法改正……167
41 憲法を改正したことがない国はありますか?
42 他国の憲法改正事情を教えてください
43 憲法のない国はありますか?
44 日本国憲法は改正すべきですか?

第五章 外交問題……177
45 グローバル化の問題点はありますか?

46 グローバリズムが世界にもたらすものは?
47 日本はグローバリズムを推し進め、国際的障壁を撤廃していくべきですか?
48 日本が国際社会で優位的な地位を築いていく為に今後すべきことは?
49 民間レベルでできる外交活動としては何をしていくべきですか?
50 日本とロシアは今後どのような経済交流を行うべきでしょうか?
51 日露関係を良くしていく為に民間としてやるべきことは?
52 政府間ではできない日中間の民間外交の果たすべき役割とは?
53 日本は国連常任理事国入りを目指していくべきですか?
54 国連常任理事国に日本が入る為にすべきこととは?
55 UN SDGsとUN MDGsについて教えてください
56 国連の世界平和の為の活動とは何ですか?

【第六章】地域再興

……201
57 地方創生を実現する為に地域がやるべきことは何ですか?
58 若者の地方からの流出に歯止めをかける方法はありますか?
59 官と民が協働することの利点は何ですか?

60 少子高齢化社会に必要な街づくりとは何ですか?
61 地域に必要とされる人材に大切なことは何ですか?
62 地域を再興するにあたり、求められる人材とは?
63 人間力がある若者とはどのような若者ですか?
64 人間力を向上させる為には何が必要ですか?
65 2020年東京オリンピック・パラリンピックについてどうお考えですか?
66 災害ボランティアセンターとはどんな機関ですか?

回答者一覧

日本ＪＣ日中友好の会会長　相澤弥一郎
公益財団法人スペシャルオリンピックス日本理事長　有森裕子
明治学院大学大学院教授　菅 正広
特定非営利活動法人言論ＮＰＯ代表　工藤泰志
人工知能先端研究センター　センター長　栗原 聡
国連開発計画（ＵＮＤＰ）駐日代表　近藤哲生
京都大学大学院人間・環境学研究科准教授　柴山桂太
文部科学大臣補佐官　鈴木 寛
九州大学大学院比較社会文化研究院准教授　施 光恒
全国社会福祉協議会　園崎秀治
明星大学特別教授　髙橋史朗

多摩大学大学院教授　田坂広志
駒澤大学名誉教授　西　修
国際安全保障学会会長／防衛大学校名誉教授　西原　正
一般社団法人日本政治教育センター代表理事　林　大介
アライアンス・フォーラム財団代表理事　原　丈人
京都大学大学院工学研究科教授　藤井　聡
株式会社イマージョン代表取締役社長　藤井正隆
近現代史研究家　水間政憲
地域活性学会副会長　御園慎一郎
経済評論家　三橋貴明
富山市長　森　雅志
日露青年交流センター事務局長　渡邉修介

装丁　松山裕一
図版　美創

第一章

教育再生

1

日本は世界的にも高水準の学力を誇りますが、なぜ今、教育再生が必要なのでしょうか?

回答者 文部科学大臣補佐官　鈴木　寛

小学校、中学校においては、日本は世界トップクラスの能力を持っています。しかしながら、高校、大学で言うと、世界一の15歳をさらに伸ばせているか疑問が残ります。これから少子化なので日本の若者は減ります。高校、大学への投資を増やして、一人ひとりの資質、能力を向上させて、自立できる力と、社会に貢献する力を増やしていくことが重要です。とりわけ、思考力、判断力、主体的に他者と協働する力、まさにアクティブ・ラーナー、指示待ち人間を脱してアクティブに何にでも向かっていくような若者を育成することが必要です。

最も社会、経済へのインパクトが高い投資は人材への投資です。つまりこれから人工知能の普及であるとかＩｏＴなど、日本ではソサエティー５・０と言われる第四次産業革命の時代です。私は３００年ぶりの激動の時代だと言っていますが、歴史的な大変革期に来ていて、新しい時代に対応できる人材を創るか創らないかが、まさに日本の命運を分ける時です。単に経済的な意味だけではなく、この国が生き残っていく為に今こそ教育に投資をし、板挟みと想定外を乗り越える、世界に通用する人材を創っていく必要があります。

これからは少子化なので、少数精鋭にならざるを得ません。この国に生まれてきてくれた子供たち一人ひとりを、勇気を持った精鋭に育んでいく必要があります。これまでの歴史はイギリス、フランス、アメリカが中心となり創ってきたわけですが、次なる人類史は日本の人材が創っていくという意味で投資をしていくべきです。

2

教育の完全無償化（幼児教育～大学教育）は実現しますか？

回答者 文部科学大臣補佐官　鈴木　寛

まず、幼児教育から大学までの授業料を無償化する場合、文科省の試算ではおよそ4・1兆円（幼児教育7000億円、私立小中学校数百億円、高校3000億円、大学3・1兆円）の追加財源が必要とされています。

現在財源確保で挙がっている手法に、教育国債というものがあります。教育国債とは、大学と幼児教育のどちらでも使うことができ、メリットは使途を教育に限定していることです。デメリットは、国債なので将来的に返済する必要があり、その負担を後世に残すことになる点です。

また、こども保険というのがあります。こちらは、対象が幼児教育の無償化だけで、本人と企業の負担が増えます。また一般会計からの持ち出しもあるからそれができるのか、さらに企業の負担増に理解が得られるのかが課題です。

次に、教育税というものもあります。これは、２０００年代から韓国で導入された、使途を教育に限定した課税です。アメリカは財産税という名称で、固定資産税という形で全部教育に使われています。教育税の問題点は、今年度負担がない、消費税は社会保障にしか使われていないというが実際は分からない、社会保障に使って残りは子供に使われ、大学までは行かないが教育税は教育に完全に限定した使われ方をする点です。デメリットは税金ですから増税にもなることです。

現在、全世帯の２割しか子供のいる世帯がいません。30年前は約半分が子供のいる世帯だったので理解が得やすかったのですが、今は教育税導入に支持が得られるのかどうか難しいところです。

幼児教育については社会全体で負担を軽減することが重要です。日本の高等教育についてはＧＤＰの１・５％（国費、私費を含む）を投入している一方、韓国やアメリカやカナダではＧＤＰの２・５％を投入している。大学の国際競争が激しくなっているから無償化よりも大学教育投資を社会全体で増やさなくてはいけないのではないか。場合によっては富裕層の授業料は増やす、さらには社会からの寄付や民間企業からの委託研究などの投資を増やすほか地方の大学とか低所得家庭には授業料無償化を進めることが求められます。さらには質の向上も必要です。幼児教育は現時点でも非常に質がいいので、負担を減らす方法が優先されるべきです。

3

日本の教員と、先進国の教員の違いは何ですか？

回答者　文部科学大臣補佐官　鈴木　寛

日本の教育は、「知」「徳」「体」の全部を学校教育が担い、そして教員がそれに対して責任を持つという点が他国と決定的に違います。日本の教育は、全人格。一方、欧米、とりわけアメリカの教員は、「知」の部分、授業をやればよく、徳育や体育の部分は関係ありません。つまり、授業をやればそれで彼らの責務は全うしたことになります。

日本の場合、生徒が補導された際、親が迎えにいけない場合、教員が迎えにいくということがままあります。しかしながら、こういったことは世界的には、全く理解できないことです。要するに日本の場合、教員が子供の生活指導部分、あるいはキャリア指導もやっていて、アメリカは、教育指導、進路指導、徳育まではしません。

体育については、地域のスポーツ施設でやっているのであって、学校でやっているわけではないのです。ヨーロッパでは人格教育、徳育は、教会とか家庭でやることなのです。日本の教員は、欧米でいえば、家庭や教会やＮＰＯ、地域コミュニティがやっていることまで、全てやっているので本当に大変です。

なおかつ生徒児童数に対する教員数の割合が、欧米に比べて少なく、どうしても多忙になってしまいます。日本は、まだ35人学級ですが、ＯＥＣＤ（経済協力開発機構）の平均では15〜20人です。やることが多いのに教員の割合が少ないので多忙となる。そういった意味で二重苦となってしまっています。

実行すべきは、定数の増加です。ただもちろん、数だけではなく、質も大事になるので、それを左右する「教員総人件費」を増やすことが必要です。

まさに、人格も含めて優秀である総合力のある教員を増やすことが必要です。地方においては待遇面や尊敬という部分で憧れの職業となっていますが、都会においては、他の民間の仕事の方がやはり教員よりも待遇面が良く、尊敬されるか否かという点や、労働時間などの面でも大変なので、結果として若くて優秀な人材が敬遠します。そこで、勤務条件や待遇面を良くしていかないといけません。

それについては、毎年、財務省と文部科学省との攻防があります。今年の4月、過労死ラインを超える教員が多数存在するということが分かりました。ＯＥＣＤがやっているタリスという教員の実態調査がありますが、その調査においても日本の教員が他国の教員に比べて圧倒的に勤務時間が長いという実態が明らかになっています。ただ、全てにおいて欧米化する必要はありません。「数」という点においては欧米並みにすべきであるが、質は真似ない方がいいと考えます。

また、日本の特色として、知徳体の教育を維持すべきです。なぜならば15％の家庭で家庭教育が事実上成立しない状況となっているので、そこを学校は埋めていかないといけません。ただ一方で、学校も予算をやみくもに増やすことはできないので、その点に関しては地域のボランティア、ＪＣといった人たちで地域の教育を補完する役目を担ってほしいと思います。

車の両輪の一つとして、地域教育の充実を行うべきです。すでに努力義務ではありますが、全ての公立学校にコミュニティ・スクールの設置が義務付けられました。これを契機に地域よる学校教育という流れを作っていく必要があります。

4

日本の教育が優れている点と、劣っている点はありますか？

回答者 文部科学大臣補佐官　鈴木　寛

学力というのは「知識・技能」「思考力・判断力・表現力」「主体性・多様性・共働性」の3つのカテゴリが大切です。その中で日本の15歳までについては「知識・技能」は世界でトップレベルに優れています。しかし、「思考力・判断力・表現力」や「主体性・多様性・共働性」については、15歳段階では「知識・技能」に比べ劣っています。

アクティブ・ラーナーのような、能動的な人材を教育しないといけません。その為に、2020年から始まる学習指導要領ではアクティブ・ラーニングを、全ての教科で取り入れ「思考力・判断力・表現力」「主体性・多様性・共働性」を強化していくべきでしょう。主に改善すべき点は表現力、議論する力。そしてプレゼンテーション能力を上げていく必要があります。

主権者教育についてはグローバル化が進み、日常茶飯的に地域でも職場でも日本人以外の人との関係性（上司・部下・同僚・住民等）が生まれている現状があります。そのような状況をグローバル化の中の板挟み（葛藤・ジレンマ・矛盾）と捉えていますが、多様な他者と共生する為に必要になる知恵と態度として主権者教育が非常に重要になると考えます。不確実性が加速する時代において、主権者が自分たちの人生、地域や社会や国の命運について決断することが必要となります。

今回の学習指導要領改訂では高校から公共という科目を入れています。18歳段階で様々な意見を比べ、自分の意見を持ち、まとめ、表現することができる人材を育てるべきだと思います。大学の入試でもそのような力を求めるよう、大学入試センター試験を大学入学共通テストに改め入試改革を行います。

5

なぜ国史教育が必要なのでしょうか?

回答者 近現代史研究家　水間政憲

独立した国家として認められる3要素は、国民・領土・主権ですが、その国民を形づくる要素として必要不可欠なものが「共通の歴史認識」です。

国家を弱体化する手っ取り早い方法は、GHQ占領下で実施されたように、国民から「歴史」を奪うということです。法と証拠に基づいた日本の国史を学ぶことは、家でいえば基礎工事にあたりますので、なくてはならないものなのです。

6

法と証拠に基づく歴史認識は、日本の未来にどのような影響を与えますか？

回答者 近現代史研究家　水間政憲

日本の若者が国際人として世界で活躍する為には、日本人としての誇りをもって接しなくては尊敬されません。その根本には「法と証拠」に基づく真の歴史を学ぶ必要があります。20世紀最大の歴史学者と評価されている、英国のアーノルド・J・トインビー博士はこう述べています。

「第二次大戦において、日本人は日本の為というよりも、むしろ戦争によって利益を得た国々の為に、偉大なる歴史を残したと言わねばならない。その国々とは、日本の掲げた短命な理想であった大東亜共栄圏に含まれていた国々である。日本人が歴史上に残した業績の意義は、西洋人以外の人類の面前において、アジアとアフリカを支配してきた西洋人が、過去２００年の間に考えられていたような、不敗の半神でないことを明らかに示した点にある」（『オブザーバー』紙１９６５年10月28日）
法と証拠に基づく歴史認識を学ぶということは、このような証言の内容を具体的に学ぶことでもあるのです。

7

なぜ、間違った歴史認識が定着したのでしょうか？

回答者　近現代史研究家　水間政憲

現在の我が国の歴史認識が定着したのは、同じ第二次世界大戦の敗戦国であるドイツやイタリアで行われなかった「国家国民に対する洗脳政策」が、ＧＨＱ占領下で強力に実施されたからです。

また、戦後教育では、良質な指導者層20万人以上が「公職追放」され、ＧＨＱに改竄された「歴史認識」を指導する教育者が主力となったからです。

8

なぜ、中国や韓国の言い分がまかり通ってしまうのでしょうか？

回答者 近現代史研究家　水間政憲

中国や韓国は、日本人がGHQ占領下で洗脳された歴史認識との整合性を主張することで、自らの主張を正当化しているのですが、日本政府が「法と証拠」に基づいて反論できない原因は「米国が押し付けた歴史認識」と「法と証拠」が、真っ向から対立するからなのです。

米国は、戦時国際法に違反した「原爆によるホロコースト」と「東京大焼殺」が、米国エリート層のトラウマになっており、米国の国家犯罪を相殺する目的で「言論検閲と歴史改竄」を同時に実施したのです。

日本の若者は、ラダ・ビノード・パール極東国際軍事裁判インド代表判事が1948

年11月12日に結審した同裁判の判決書に「時が熱狂と偏見をやわらげたあかつきには、また理性が虚偽からその仮面を剝ぎとったあかつきには、そのときこそ、正義の女神は、その秤を平衡に保ちながら、過去の賞罰の多くに、そのところを変えることを要求するだろう」と記した意味の理解に努めるべきでしょう。

「法と証拠」に基づいて歴史を検証する意思があれば資料はたくさんありますので、悲観的になる必要はありません。

9

なぜ今、家庭の教育力向上が必要とされているのでしょうか？

回答者 明星大学特別教授　髙橋史朗

家庭の教育力向上が必要な理由は、家族の絆や家庭の基盤が崩壊の危機に瀕し、親心が衰退し、親の責任や役割についての自覚が希薄化していて、こうした時代や親の変化が子供の心身の発達、成長に大きな影響を与えているからです。

精神科医の岡田尊司氏は著書『母という病』『父という病』（ともにポプラ新書）、『愛着障害』（光文社新書）において、現代の親の具体的問題点について解説しており、斎藤嘉孝著『親になれない親たち』（新曜社）とともに必読の書と言えます。

教育基本法第10条に明記されているように、教育の第一義的責任は親（保護者）にあり、親には基本的生活習慣の確立、自立心の育成、心身の調和のとれた発達を図るように努めることが求められています。一言でいえば、子供の発達を保障することが親の責任であり、役割と言えるでしょう。

その為には子供の発達段階について理解し、発達段階に応じた親の関わり方について学ぶ必要があります。自己肯定感の低い日本の子供の「心のコップ」を上に向ける為には、まず親が責任を他に転嫁しないで、親自身の「心のコップ」を上に向ける「主体変容」が求められます。

10

学習指導要領の改訂により「考え、議論する道徳」へ転換がなされましたが、そのポイントは?

回答者　明星大学特別教授　髙橋史朗

「考え、議論する道徳」について、文部科学省の中央教育審議会答申は、「特定の価値観を押し付けたり、主体性を持たず言われるままに行動するよう指導したりすることは、道徳教育が目指す方向の対極にあるものと言わなければならない」「多様な価値観の、時に対立がある場合を含めて、誠実にそれらの価値に向き合い、道徳としての問題を考え続ける姿勢こそ道徳教育で養うべき基本的資質である」と指摘しています。

この答申を踏まえて、子供の発達段階に応じて、答えが一つではない道徳的な課題を一人ひとりの子供が自分自身の問題として捉えて真摯に向き合うとともに、多面的・多角的に考え、議論させることが求められています。

いじめに正面から向き合う「考え、議論する道徳」への転換に向け、２０１６年11月18日に文部科学大臣よりいじめにつながる問題場面についてメッセージが発表されました。

①どのようなことが、いじめになるのか。
②なぜ、いじめが起きるのか。
③なぜ、いじめはしてはいけないのか。
④なぜ、いじめはいけないと分かっていても、止められなかったりするのか。
⑤どうやって、いじめを防ぐこと、解決することができるのか。
⑥いじめにより生じた結果について、どのような責任を負わなくてはならないのか。

自分自身のこととして考え、議論させることの大切さを訴えていますが、是非、地域においてもこのような観点を参考にして実践してほしいと思います。それが、いじめ問題のみならず、道徳教育の目標である「自己の生き方を考え、主体的な判断の下に行動し、自立した人間として他者とともによりよく生きる為の基盤となる道徳性を養う」ことにつながります。

11

政治家に政治を私的利用されないようにするには？

回答者　一般社団法人日本政治教育センター代表理事　林　大介

選挙結果による議会構成（国会であればどの政党が与党なのか、地方議会であれば多数派を占めるのが首長支持派なのかどうか）によって、その後の法律や条例、あるいは政策決定の大まかな方向性は決まっていくと言えます。

そもそも間接民主制の日本における選挙は、私たちの代理人を決める場でもあります。私の代理人として誰がふさわしいのか、どのような視点で決めるかは、それこそ自分事として考える必要性があります。代理人である以上は、自分が選んだ政治家が、私利私欲に走ってしまうのではなく、きちんと代理を果たすように監視することが必要です。つまり選挙は、投票すれば終わり、とはなりません。

自分が選んだ議員が、実際に議会においてどのような行動をとったのか、それぞれの議案に賛否のどちらかを示したのか、新たに起こった事案に対してどのように考えているのかなどをチェックし、議会を傍聴したり議会での発言を確認する（最近では、議会の議事録を一両日中にウェブサイトにアップする自治体も出てきている）など、次の選挙の時の判断材料にすることが大事です。

もちろん、議員が特定の人や団体に対する便宜を図ることがないように監視することも大事です。また、自分が選んだ議員が当選しなかった場合においても、自分の考えや意見が〝無〟になるわけではありません。たとえ少数者であっても、陳情や署名、あるいは議員への働きかけなどによって、自分たちの声を届けることはできます。

当然議員側は、「議員が偉い」のではなく市民から選ばれた立場ということを自覚し、市民の為に働くことを意識する必要があります。議員の権限は大きいですが、それは何も特権階級としての権利ではなく、市民から負託された権限なのです。よって、議員自らが自己を律することが何よりも求められます。議員歳費や政活費など、議員に支払われる金銭は税金が原資であり、その使途を市民に明らかにするのは議員の責務です。

12

小中高校生に対し、今後はどのような政治教育が必要ですか？

回答者　一般社団法人日本政治教育センター代表理事　林　大介

18歳未満の子供は有権者ではありませんが、その町で生活する市民であり、主権者であり、権利主体です。今を生き、これからの時代を生きていく世代が、子供時代から自分たちが社会の担い手なのだということを意識し、社会の中で生きていくことを体感し続けることが重要になります。だからこそ学校教育をはじめ、家庭や地域社会の中で政治教育に取り組むことが大事です。

小学生の段階から、憲法改正、安保法、共謀罪、TPPといった大きなテーマについて話さなければいけないわけではありません（もちろん話すことができるのであればかまいません）。自分が生活している地域の課題や問題点に気づき、その改善方法を話し合うことも、まさに主権者教育です。選挙の際に家族で投票所に行く時に、その選挙のことについて話すことも効果があります。

また、多くの小学校では「安全・防犯マップ」作りのように、通学路などの安全箇所・危険箇所を確認し合う取り組みが行われています。これも主権者教育です。そのうえで、調べた結果を学校内の発表会で終わらせるのではなく、出てきた課題や改善点を町内会の方や行政職員、地元の議員などに伝えていくと、実際の改善につながる可能性が高まります。市民である子供の声を政治に届け、反映させることにつながると、子供ながらに〝身近な政治〟を感じることになります。

最近では、消滅可能性自治体などの議会や行政が、中学生や高校生との意見交換・対話の場を設け始めています。子供の権利条例を制定し、子供会議を実施する自治体も増えてきました。自分たちの声が大人から期待されている、自分たちが声を上げると大人が応えてくれる。そうした積み重ねが、その町の担い手意識を育みます。

政治教育は、何も難しいことではありません。大人自身が、もっと政治や町の課題について語り、子供とともに未来を描いていくことが、政治教育ではないでしょうか。

13

インターネット投票を導入するとどのような効果が出ますか?

回答者 一般社団法人日本政治教育センター代表理事　林　大介

投票率を上げ、少しでも投票がしやすいようにする為に「インターネットを利用した選挙での投票」（いわゆるネット投票）を求める声があります。ネット投票を導入すると、開票時間の短縮、開票作業等に従事する人件費の削減、障がい者も代筆なしに投票できる、といったメリットが挙げられます。

投票所に行かなくても投票できるようになる為、インターネットに慣れている若年層が投票するようになる、とも言われています。とはいえ、システム破壊やデジタル記録が改竄される可能性、パスワード流出等による本人確認の難しさ、当面は従来の筆記式も併用せざるをえない為の二重コストなど、課題もあります。そもそも海外でもネット投票はほとんど実施されておらず、実現するまで時間がかかりそうです。

一方で、「インターネットを利用した選挙運動」は、2013年4月の公職選挙法改正によって可能になりました。ホームページ、ブログ、SNS（ツイッター、フェイスブック等）、動画共有サービス（YouTube、ニコニコ動画等）、動画中継サイト（Ustream、ニコニコ動画の生放送等）等、電子メールを利用する方法を除いたツールでの選挙運動が可能になり、ツイッターやフェイスブックなどを通じて、自分が支持する候補者や政党について書き込むことができるようになりました。

しかし、選挙運動ができるのは、選挙権がある有権者だけ。つまり、18歳の高校3年生は選挙期間中にSNSを使って投票を呼びかけることができますが、同じ高校3年生でも17歳の場合はSNSを活用した選挙運動はできません。

いずれにせよネット投票が導入されたとしても、政治への関心が高まらなければ投票率は上がりません。「インターネットを利用した選挙運動」が解禁となったことを踏まえ、まずは選挙や政治に関する情報を有権者がきちんと読み取り、考え、行動に移すことを心がけることが大事です。

14

若者の投票率が上がると、選挙はどう変化しますか？

回答者　一般社団法人日本政治教育センター代表理事　林　大介

18歳選挙権によって新たに選挙権を得た18歳、19歳の人口は約240万人。この240万人を衆議院の小選挙区数295で単純に割ると、一選挙区あたり8136人。2016年7月の参院選の18〜19歳の投票率が46・78％でしたので、一選挙区あたり3806票です。この3800人あまりの動向が、実は接戦時の選挙においては勝敗を左右する可能性があります。

2014年の衆議院議員総選挙では小選挙区の接戦が目立ち、最小得票差は新潟2区の102票。2000票以内の僅差は10選挙区と、2012年の前回衆院選（300選挙区）の8選挙区よりも増加しました。また、2015年の統一地方選挙では、熊本市議会議員選挙の南区（定数8）では8人目の投票数が4515票の同数となり、くじ引きで当選が決まりました。相模原市議会議員選挙では、南区（定数18）の最下位当選者の結果は、3304・34票。3304票ジャストを獲得した候補者は落選となり、わずか0・34票差で当落が決まっています。

102票差や0・34票差で当落が決まり、同数票の為くじ引き決着している現実を見ると、「たかが一票」などとは言えず、一票の価値、一票の重みを感じずにはいられません。当選しなければ〝ただの人〟ですので、候補者は当然、一票でも多く票を得たい。となるとやはり若者を無視することはできず、若者向けの政策を訴え、若者が理解できるように分かりやすい広報・宣伝をする必要が出てきます。実際に2016年の参院選では、各政党が「奨学金の充実」「被選挙権年齢の引き下げ」など若者向けの政策を重視していました。

18～19歳の一票が当選を左右する可能性があるということは、それだけ、若者政策に注目が集まる、ということになります。ある意味、当落のキャスティングボートを握っているのが若者だと言えます。

15 英語の公用語化は必要ですか?

回答者 九州大学大学院比較社会文化研究院准教授　施　光恒

明治期の日本においては、世界の最先端の知が日本語に「翻訳」され、庶民がアクセスしやすい形で広められ、そのおかげで近代化は成功を収めました。専門的な外国語が日本語となり、国民一人ひとりが知的に成長し、高度な政治や経済の場にも参画することが可能に。その結果、日本語を母語とする人々の間に強い連帯意識が生まれ、日本は近代的な国民国家の精神を存立させることができたのです。

いま英語化を推進するのは、先人の努力への冒瀆かもしれません。英語化によって社会を分断すれば、急拡大する格差への不満が社会に渦巻き、人々の連帯意識も大きく損なわれるでしょう。高度で複雑なビジネスや技術開発や学術研究の場の言語が英語に独占されるようになれば、日本の優秀な中間層も英語が得意でないというだけで、そのような場から締め出されることも……。大多数の日本人が現在の知的水準を維持できなくなるということにもつながります。

現在の日本語は先人の無数の営みによってつくられてきたもの。英語を公用語とするということは、その社会の新しいエリート層は、グローバル市場を自らの存立基盤とし、日本への愛着など特段持たなくなることが予想されます。

第二章 経済再生

16

国民経済の仕組みを教えてください

回答者 経済評論家 三橋貴明

モノやサービスを生産することを「働く」といいます。国民は「生産者」として働き、モノやサービスという「付加価値」を生産します。

生産されたモノやサービスに対し、顧客（家計、企業、政府、外国など）が「消費」もしくは「投資」として「支出」すると、生産者に「所得」が生まれます。所得を稼いだ生産者は、今度は自らが顧客となり、別の誰かが生産したモノやサービスを購入する。すると、別の生産者に所得が生まれます。所得を稼いだ別の生産者と、所得創出のプロセスが終わりない形で回転していく現象こそが「国民経済」なのです。

所得創出のプロセスにおいて、生産された付加価値、付加価値に対する消費・投資と

●日本の名目GDPと政府の租税収入

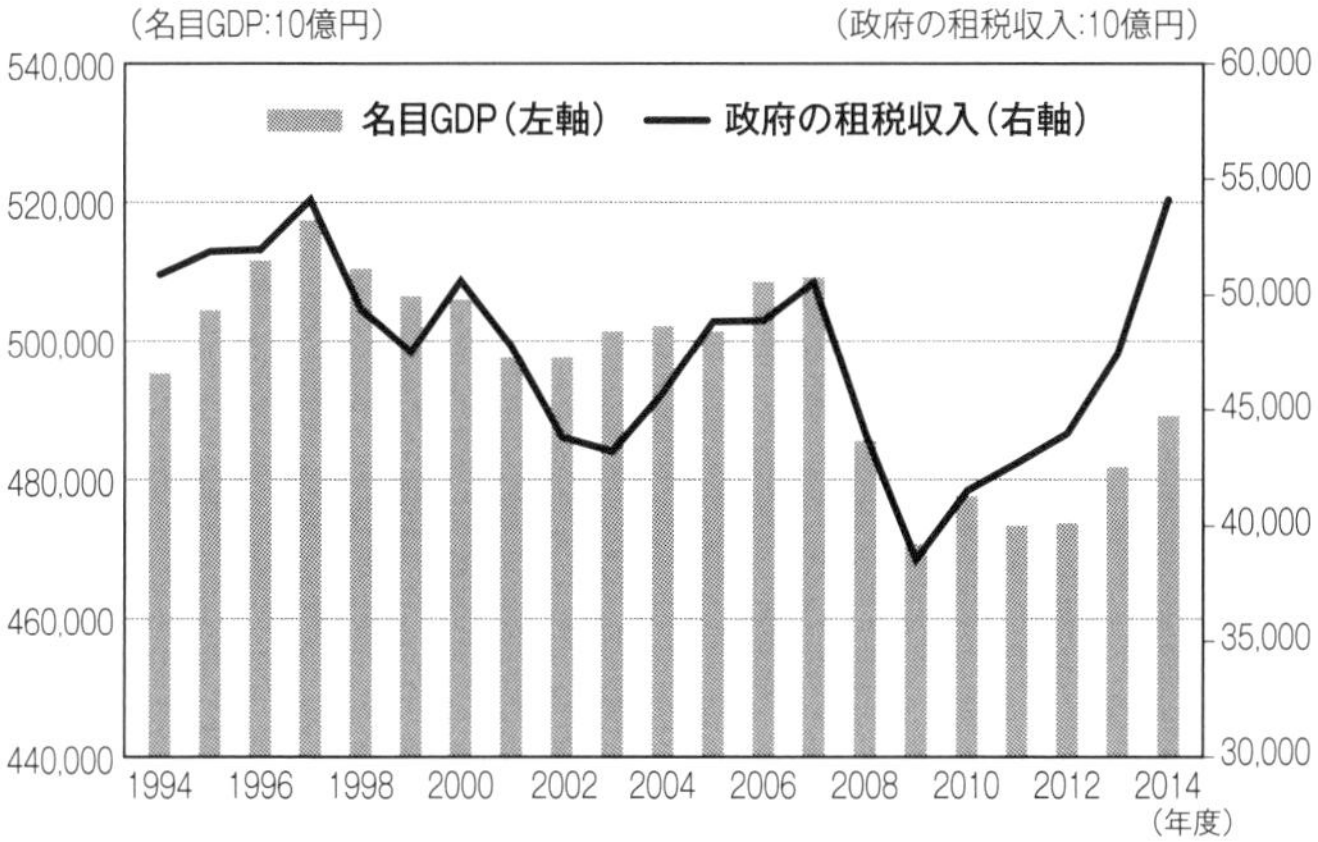

出典:内閣府、国税庁

しての支出、そして生成された所得の３つは必ず同じ金額になります（例外はない）。さらに、国内において生産された付加価値の総額こそが「ＧＤＰ（国内総生産）」です。

とはいえ、生産、支出、所得の３つはイコール。ＧＤＰには「生産面のＧＤＰ」「支出面のＧＤＰ」「（所得の）分配面のＧＤＰ」が存在し、３つの面のＧＤＰは必ず同額となる。これを、ＧＤＰ三面等価の原則と呼びます。

ところで、我々国民は「税金」を所得から支払っています。そして、所得の合計がＧＤＰです。よって、ＧＤＰと政府の租税収入との相関関係は極めて強いということになります。すなわち、GDPが増えれば、税収も大きくなり、GDPがマイナス成長になると、税収も減ってしまうということ。

例えば、政府が「増税」をしたとします。増税すれば、普通は「増収」になると期待するはず。とはいえ、増税により景気が悪化し、あるいは経済がデフレ化し、GDPが縮小すると、税収は逆に減ってしまいます。「増税した為に、税収が減った」が起こり得るのが国民経済なのです。

デフコン!!

第1話 経《けい》世《せい》済《さい》民《みん》とは?

原作　公益社団法人日本青年会議所
漫画　ヒロカネプロダクション
監修　三橋貴明

※2017年2月にWEBにて公開した漫画「デフコン!!(デフレ根絶)」を掲載しています。

あ〜あ　やっちゃったね
ついに　やったか!
公共工事で不正!　政治家の利権だな　ハナからうさん臭い　話だったからね
違うんだよ　この記事書いたの　大学の同期でさ
ついに新聞の　一面飾り　やがった…
ボリ　ボリ
それにひきかえ　俺ときたら　こんな会社で…　あ〜あ　何やってんだろ?
国の不況も　俺が活躍　できないのも　良い政治家が　いないせいだな
こんな会社で　悪かったな　村上〜!
あっ!　松本編集長!!
仕事ができないのは　お前の問題だよ
富士高出版
おっとっと　(^^;)

たまにまじめに新聞読んでいるかと思えば…まったく
それよりもこの間の仕事は？
できています一応
ふむ
可も無し不可も無し
よし！
可も無しと言ってるだろう喜ぶな
もう一歩踏み込めば良い記事になるのだがな
俺ではもう限界です
チッ…
まあいいこれで今の仕事は全部片付いたか？
一応
ならこれから子供でも分かるような経済についての教材本を手掛けてくれ
お断りしま～す
スクッ
なっ!!
俺に経済なんて無理っスよ編集長も分かるでしょう
何も知らないから子供にでも分かる内容を作れるだろ
頭の中身も子供並みだからお前が適任だ

謹んで……
先月忌引きのズル休みで遊びに行ったよね？
えっ!!
本来なら減給だがしかし…
ガタッ
謹んでお引き受けいたします
そう！その素直さがほしいのよ
さて仕事だが方向性や詳しい話はシンクタンクの三条経済研究所の塩野さんに聞いてくれ
塩野さん？
先日宮部社長が知り合ったそうだ
日本経済の未来を熱く語るのをいたく気にいったようだよ
そこで教材本の出版ということだ
まあいつもの面倒見の良さが出たな
なるほど社長の社会貢献活動ってことですか
コラコラそんな言い方をするんじゃない
企業も社会貢献を行わなければ生き残れない時代なんだから
村上！ばあさんの忌引きは3回以上使うなよ

三条経済研究所
201塩野研究室
コン
コン
村上さんですね！お待ちしておりましたっ！お会いできて光栄です!!
どうも初めまして村上と申します
ザッ
塩野ですよろしく
こちらこそよろしくお願いします
名刺は無しか…

まず村上さんのお考えを伺いたいのですが
村上さんは上げ潮派ですか？リフレ派ですか？
上げ？
リフレ？
マッサージ？
私はねアベノミクスの三本の矢はある程度の評価はするところなの
大胆な金融緩和によって市場に資金が流れ込む仕組みを作ったのは見事と思うの
でも、そこから機動的な財政出動と民間投資を喚起する成長戦略の部分で後手に回ったきらいがあり
あと一歩、物足りなくなってしまった原因だと考えているのですがいかがですか？
そ
そういう側面もあるかと…
私はね
冷え切ってしまっている民間投資を中継ぎする公共投資をもっと力強く行う必要があると考えています
はあ
だから現在のデフレを脱出するには
積極的な公共投資を行いインフレギャップの状況を作り出してそこから民間投資が回り始める好循環を作る必要があるというのが私の考えです

村上さんのご意見を頂けますか？
あの…
もう一度…
お話を頂けないでしょうか…
…
どこから…？
最初から
え
富士高出版の村上さん…ですよね？
はい…村上です
——以上が私の意見ですが村上さんはいかがですか？
は、はい
ごもっともだと思うのですが今日の新聞にもありましたように
公共投資によるハコモノ行政はもはや通じない時代になっているのではないでしょうか
あぁ
今日の新聞ね
政治家が利益誘導の中抜きをしてしまうので日本の経済が上手く回らなくなっていると思います
一般的な意見をありがとう
へ？。

政治家の不正は政治家の資質の問題で今の日本経済に必要な施策とは別の問題よ
あんな記事を書く記者がいるから経済政策のミスリードが生まれてしまうのよね
カチン
クッ！あんな記事!?
書いたのは同期なんだぞ
ミスリードならばそもそも未だに公共投資に頼って需要を喚起させようというのが今の日本には合わないのではないですか？
フッ
あなた地方のインフラ整備の現状はご存じ？
よく知らないです
でしょうね
政治家の不正は経世済民《けいせいさいみん》の心を持たない政治家の責任 必要な施策は必要な施策！
そこは分けて考えなければならない所よ
ちょっとさっきから塩野さんの話は専門用語ばかりなのですが「経世済民」って何ですか？
はあ
経世済民って言葉も知らずに経済の専門家を訪ねてくるのはだいぶ失礼じゃないですか？
村上さんまず少しはお勉強をしてくるのが筋だと思うのですが
ちょっと出直して頂けますか！

くそっ
上から目線で言いやがって
カチャカチャ
専門用語ばかりで分からんちゅうの
経世済民…これか!
「世を経《おさ》め民を済《すく》う」という意味か
おっ!これは…
なるほど経世済民に基づいて日本に貢献した人物が山田方谷、高橋是清
山田方谷《ほうこく》
高橋是清《これきよ》
あれ?明日は雨か
お前が調べ物とは
山田方谷に高橋是清か今の日本にこれくらいの政治家がいればな
国民全員の生活を豊かにするのが経世済民の目的なのか
ちゃんと説明してくれれば俺だって素直に聞いたよ
ギィッ
経世済民ってこれ基礎知識だぞ
あちらさんに何か言われたか?
はい出直して来いって
あちゃーっ
松本編集長村上さん宮部社長がお呼びです

村上くん
だいたい話は
聞かせて
もらったわ
宮部社長
申し訳ござい
ません
そうね
ちょっと不勉強
すぎたわね
それは塩野さん
私も謝るわ
ごめんなさい
いえ
とんでも
ないです
私はね
経世済民交流会で日本経済の
立て直しについて
一生懸命に話す姿に感動して
あなたの考えを本にまとめ
出版したいと思ったの
これからの
企業活動は
公益な活動をして
いかなければ
生き残れない
時代ですし
はい!
一方でね
気を悪くしないで
聞いてちょうだい
本当に自分の政策を
採用してもらいたいと
思ったら、あまり
専門家の殻に閉じ
こもってはダメよ
あなたの考えを
受け入れてもらう
大多数の人は
専門家じゃない
のだから
はい…

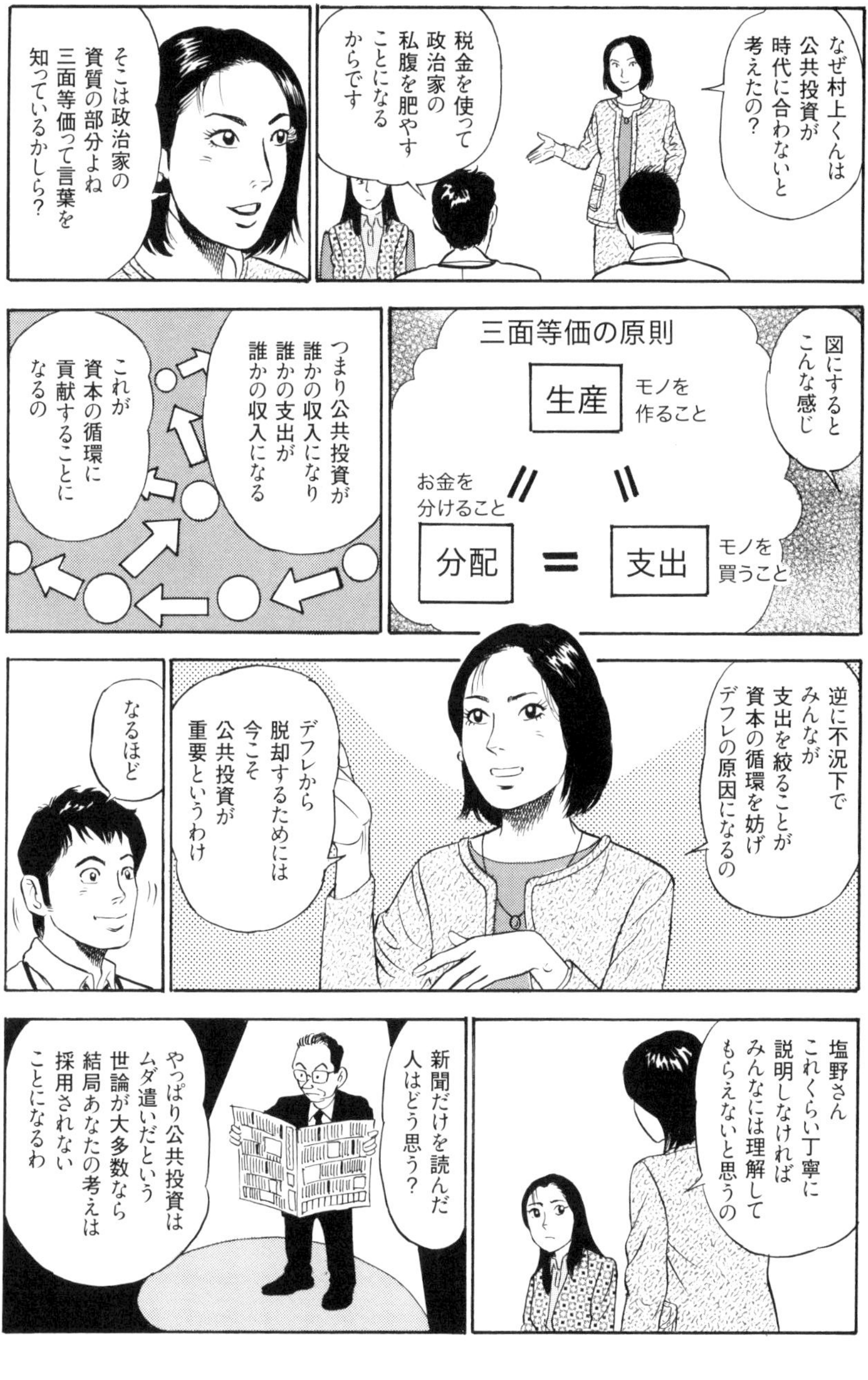
なぜ村上くんは公共投資が時代に合わないと考えたの？
税金を使って政治家の私腹を肥やすことになるからです
そこは政治家の資質の部分よね三面等価って言葉を知っているかしら？
図にするとこんな感じ
三面等価の原則
生産
モノを作ること
お金を分けること
分配
支出
モノを買うこと
つまり公共投資が誰かの収入になり誰かの支出が誰かの収入になる
これが資本の循環に貢献することになるの
逆に不況下でみんなが支出を絞ることが資本の循環を妨げデフレの原因になるの
デフレから脱却するためには今こそ公共投資が重要というわけ
なるほど
塩野さんこれくらい丁寧に説明しなければみんなには理解してもらえないと思うの
新聞だけを読んだ人はどう思う？
やっぱり公共投資はムダ遣いだという世論が大多数ならあなたの考えは採用されないことになるわ

だからこれから
二人で協力して
子供でも分かるような
基礎の基礎から
経済を噛み砕いた本を
作ってほしいの
えっ!!
えっ?
塩野さん
あなたは専門家の
立場から
村上
お前は素人と
しての直感で
二人協力して
ぶつかり合い
ながら
本を作って
ちょうだい
さ
まず
握手して
仲直り
よ、よろしく
こ、こちらこそ
よろしく
お願いします
二人の本作りは
こうして始まった

第2話 メディアリテラシーの重要性

まず経済用語から検索だな
カチャ
カチャ
カチャ
リフレ派とは…
「緩慢なインフレを継続させることにより、経済の安定成長を図ることができると考える政策を掲げる人々のこと。リフレーションとは再膨張の意味で、経済学的には景気循環においてデフレーションから脱却してマネーサプライが再膨張し、加速度的なインフレーションになる前の段階にある……」
ん？
マネーサプライって何だ
カチッ
「現実の経済に出回るお金の量。毎月、日本銀行が調査結果を発表している。日本銀行はマネーサプライの適正水準を保つために、不況時には金利を引き下げ、マネーサプライを増加させることで景気を刺激。逆に景気過熱感が高まった場合、公定歩合などの金利を引き上げてマネーサプライの伸びを鈍化させ、インフレの過剰進行を……」
また出てきたぞ公定歩合って何だ…
カチャ
中央銀行が民間の金融機関に対して貸し出しを行う際に適用される基準金利
なるほど…ね
公定歩合の変更は民間の銀行からの貸出金利やコールレートに影響を与える景気が過熱している時には…
ダメだぁ
リフレ派を調べただけで分からない用語が次から次に出てくる
ゴロッ

フッ
ハッ
あの上から目線は癪だな
やりますよ ええ やりますとも
経済の新聞でも読んでみるか
えっ
国の借金1000兆円超え!
日銀崩壊!
日本は衰退へ!
日本の経済ってこんなに悪いのか!
日本経済の破綻!!
ウウウウウ
どうすればいいんだ!
そうか!
宮部社長はこの危機を分かりやすく伝えなければと思っているのか!
国民に警鐘を鳴らすためにはどうすれば!?
ザワッ
えっ?

しまった!!
19時からの塩野さんとの待ち合わせ忘れてた!!
すみません今、電車の中です人身事故がありまして少し遅れます
タクシーッ
ブォオオオーン
待たせてしまってすみません
えらい目にあいました
ふ～ん
人身事故ならまぁ不測の出来事ですから
ゾクッ
僕たちが作るべき本の方向性なのですが
はい

まず今の日本経済の危機的状況を明確に伝えなければならないと考えています
あっ コーヒー ホットで
国の借金は1050兆円を超える膨大な数字に膨らんでおり、これは国民一人当たりに換算すれば約850万円もの金額になります
850万円
4人世帯で単純に換算すると3400万円になる一方で世帯平均の貯蓄額が平均1000万円程度中央値で400万円という数字もありますが
貯蓄が無い世帯も30%に上りこれはもう経済的に破綻していると言わざるを得ません
国債の格下げも待ったなしの状態ですし この状況をまずは日本人全員に理解してもらうようにする必要があると考えてます
良く勉強されました
パチ
パキ
と言いたいところだけど 的外れもいいところ
なんでじゃああ

第一に国の経済を
家計に置き換えることが
大きな間違いです
多分、さっきの話は
ネットやメディアに
書かれている情報を
鵜呑みにした
せいだと思う
情報を
鵜呑み…
そう
ネットやメディアは
どうしても
センセーショナルな
記事ばかりに
なってしまうの
事実かどうかは
差し置いて
読み手がそれを
望んでいるから
えっ？
望んで
いる…
あっ!!
例えば村上さん
前お会いした時に
不況からの脱出について
お話ししましたけど
何が原因でした？
デフレが
原因です
あれか
国の借金
1000兆円超え！
日銀崩壊！
日本は衰退へ！
じゃ
デフレの
原因は？

みんながお金を使わなくなって値下げ合戦になっているから
×1500円
800円
商品が値下げされて利益が少なくなり経済の規模がどんどん小さくなるからです
値下げ
そう
じゃ さっきの話
国の借金を家計にたとえたとして借金を減らそうと思った時村上さんはどうする？
まず支出を減らそうと思います
あっ!
国が支出を減らすと
デフレが加速してしまう
そう
デフレが加速してしまうと税収も落ち込むし益々経済規模も縮小してしまう
だから国の経済を家計にたとえるのは適当ではないの
…

村上さん
イメージではなく
正しい情報を
伝えることが
必要だと
私は考えているの
でも
ネットは
ともかく
として
テレビや新聞で
間違った情報を
流されるなんてこと
今時そんなに
あるのかな
そう？
ごく最近でも
メディアが根拠の
ない情報を報道した
ことで国際問題の
火種を作ったことが
あったでしょう
……
確かに……
そもそも
テレビ放送の
成り立ち自体が
戦後に国民統制を行う
有力な手段として
正力松太郎が考えた
日本テレビ放送網構想が
もとになっていると言う
人もいるし
田中角栄時代に
ローカル局に対して
免許を大量に
付与したのも
政治がメディアとの
つながりを求めた例ね

今の記者クラブだって クラブへの加入制限は ある種のコントロールの 手段と言っても 過言ではないわ
メディアの情報は いつも誰かの意思に 左右されているのよ 昔は政府 今は…誰なの かしらね
そんな
悪意のある 言い方をすると 国民の専門分野に 対する知識の浅さに 付け込んで
誤った情報や 偏った情報を 流しているのが 今のメディアと 言えるのかも しれない
言われてみると テレビの報道は 大概は同じ 方向にあるな
正しい情報か 誤っている情報か 判断できていない だけかもしれない けど
もっとも コメンテーターの 顔ぶれなんか 見ていると 悪意があるのでは なくて単に 無知だから
誰かの意思に よって編成 されているって ことか

だからメディアが流す一方的な情報に振り回されないためには批判的な視点とデータに基づく正しい情報を
一人ひとりが持っていなければならないと思うの
でなければそうねあなたみたいな人に騙されてしまうわね
いきなり何を！
僕も出版社の人間ですが人を騙すような記事を書いたことはありません
そう？
でも今日の遅刻の言い訳は嘘よね
私が電話した時あなたはまだ会社にいた
それにタクシーで来たでしょ
え？
図星でしょ

電車の中であんなに大きな声を出す人はいないわ走って来たにしては汗もかいてないしね
メディアやネットの情報と一緒であなたのような人の話を鵜呑みにしてしまうと良いように丸め込まれてしまうのよね
時間に遅れたうえに嘘をつくのは
マナーに反することよ
批判的な視点とデータに基づく正しい情報か…
俺も…帰るか
随分待たせてしまって怒らせちゃった
いえそんなことないですよ
お客さまが着く少し前にお越しになられたんです
えっ!!

塩野さんは嘘をついたわけではない
俺より一枚上手なだけだ
あっかん
べ
前言撤回だーっ!!

第3話 アニマルスピリット!

公益社団法人
日本青年会議所会館
16時3分前か
3月末の金曜日
いわゆる
プレミアムフライデーだ
タッ
村上くん
今日は
早いのね
タッ
おう
なんだよ
年上なのに
いつの間にか
「くん」づけ
表情かたいわね
まだ根に持ってるの?
はは
持ってません
今日は
青年会議所の
青木照護《しょうご》会頭に
取材するんだけど
プレミアム
フライデーね
分かってますよ

ようこそお待ちしていました
日本青年会議所　第66代会頭
青木　照護
よろしくお願いします
今日はプレミアムフライデーですしせっかくなので外で軽く食事をしながら話しましょうか
その方が日本青年会議所の取り組みも分かりやすいと思いますから
Momora

うん
うん
夕飯時にはまだ少し早いのに人が動いていますね人が動けば経済が動く
このお店ではプレミアムフライデー限定ドリンクを販売しているそうです
早く帰れてサービスも受けられるようになるなんて最高ですね
デパートでは特別イベントも実施されているようですよ
生産性の高い仕事をするためには余暇も大切ですし消費を拡大させるにはそのための時間も必要になることは理解できるのですが
商品を安く提供することはデフレの促進につながりませんか?平日の需要を先食いしているだけではないですか?
安売りではなくいつもより少し贅沢をしてちょっと豊かな週末を送ってもらうことで需要を拡大するという考えなんですよ
そう言ってる間にほら

仕事を早く終えて個人の時間を楽しむという考えがこれからの日本には必要だと思いますね
私たちは収入や売上だけでなく
生活の質、いわゆるQOLを向上させることができて明るい豊かな社会につながると考えています
※QOL＝Quality of Life：生活の質
生活の質の向上…
個人の消費が刺激されればモノが売れるしモノを作るようになれば企業への設備投資に結び付きます
はい
でも金曜日の夕方に仕事を終えることが根付くのでしょうか
あっ半ドンですね
よくご存じで
うん
僕らが子供の時は土曜日にも半日学校や仕事がありましたよ
上司に教えられたばかりでして

土曜が休みになったのですから金曜日の15時退社も不可能とは言えません
経営者からすると負担も大きいのでは？
確かに
急な勤務体制の変更は対応が難しいですね
しかしながら国民の働き方も変わらないといけないし
経済の循環にはお金を使う時間も必要です
経営者もお金だけを追うのではなく従業員や取引先など会社に関わる人の幸せな生活を考えていかなければなりません
公益資本主義ですね
そうです
私もこの考え方が今の日本に欠けていると思っています
だから日本青年会議所はプレミアムフライデー推進協議会に加入して普及に取り組んでいます
でも何でそんな負担を？

ケインズって知っていますか?
はい
!
いいえ
はは 仲が良い
イギリスの経済学者 ケインズは こう言っています
「リスクを恐れず 非合理であっても 投資するアニマルスピリットが 企業家のイノベーションの 源泉であり 経済発展のために 必要だ」と
この場合の アニマルスピリットとは 野心や挑戦という 意味です
私たち 青年会議所は 公に奉仕する活動や 社会貢献に結び付く 経済活動を推進して いますが
やはり次の世代を担う 経営者として 未来への希望につながる アニマルスピリットで 本業に取り組むことが 一番の社会貢献だと 考えています
他人任せの 社会では いけない
自分の 未来は 自分で 切り拓か ないと
従業員の QOL向上も ひとつの 挑戦です

そうそう アニマルスピリットといえば…
モグ モグ
こちらは何ですか?
超生産性向上大賞
第四次産業革命時代到来。AI、ビッグデータ、IoTを駆使した最先端ビジネス・モデルを募集します。
超生産性向上大賞のチラシです
リスクを恐れず挑戦する若手起業家を応援しようと日本青年会議所が取り組んでいる事業です
新産業革命の促進と生産性の向上です
すばらしい応援ですね ちなみに大賞ということは?
特別賞には合計300万円用意しています!
ネットで「超生産性向上大賞」と検索してもらえれば詳しく載っています
5月17日(※)まで募集しているのだけれど君たちもどう?
さ さんびゃくまんえんっ!
今やり始めた仕事があるので残念ですが…
同じく…
う～ん それは残念だ

※募集は終了しました

若い世代がこれからの日本を切り拓く原動力になるから
村上さん
塩野さん
いろんなことにアンテナを張って頑張ってください
グッ
はいっ
もうそんな時間か
竹田
今日はありがとうございました
会計はこちらで
宮部先輩によろしくお伝えください
ごちそうさまです
あの宮部社長は青木会頭の先輩ということですか
そうです
宮部先輩
学生の頃随分とお世話になったもんだよ
青木会頭すごい熱意に溢れてましたね

いろんなことにアンテナか生活の質…気づきのない生活ばかりしてたなぁ
私も経済を他人事として眺めていたのかも
アニマルスピリットか…
あっ
アニマルスピリット 2F
塩野さん入りましょう
ちょちょっと
ニャ〜〜ッ
えっ!!
猫カフェ…
ヤバッ怒られる
勘違いしちゃいました
ニァーーッ
クシュン
クシュン
あっ猫アレルギーですか実は…僕…も…

バァクション
ヨロ
パッ
ペッ
ペッ
くしゃみしたぐらいで塩まくかーっ たまたま
猫アレルギーなだけで生き物は好きなんです！
村上くんのくしゃみは度が過ぎる
クシュン
猫が飛び上がってたわよかわいそうに
バァクショーン
何だーっ
車の事故かーっ
誰か落ちたのかーっ
もーっ恥ずかしい

富士高出版
以上が日本青年会議所のプレミアムフライデーへの取り組みです
それからこちらは新しい取り組みということでお預かりしました
へーえ青木くんも頑張ってるわね
で？どうだった？
熱意に溢れた素晴らしい方でした
社長 考えたのですがデフレから脱却するためには経済の仕組みを分かりやすく伝えるだけでなく
新しい技術活用の提案を行う必要があるのではないでしょうか
私も数字だけでなく現場がどのように動いているか知らなければ正しい経済の姿を捉えられないのではないかと感じています
塩野さんは謙虚 村上は積極的
そうね…アニマルスピリットを感じるわ
グシュッ！
あっ、ダメよ村上くん
バグジョン
二人ともちょっとの間に随分成長したわね

第4話 インフラ投資促進!! ～国民安寧の実現～

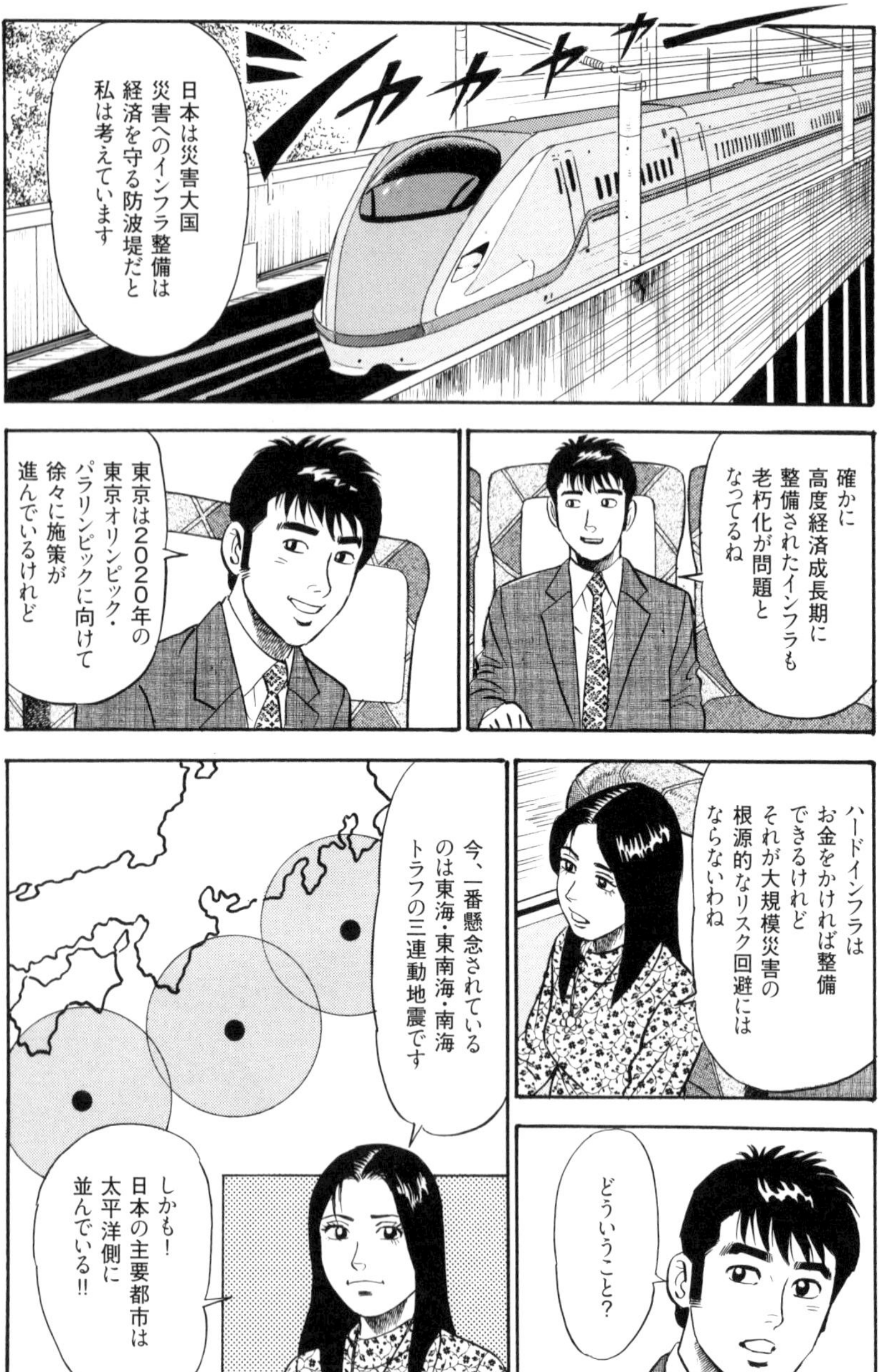
シュカカカー
日本は災害大国
災害へのインフラ整備は
経済を守る防波堤だと
私は考えています
確かに
高度経済成長期に
整備されたインフラも
老朽化が問題と
なってるね
東京は2020年の
東京オリンピック・
パラリンピックに向けて
徐々に施策が
進んでいるけれど
ハードインフラは
お金をかければ整備
できるけれど
それが大規模災害の
根源的なリスク回避には
ならないわね
今、一番懸念されている
のは東海・東南海・南海
トラフの三連動地震です
しかも！
日本の主要都市は
太平洋側に
並んでいる!!
どういうこと？

あ！
日本が！
終わってしまう！
そんな…
村上くんていつも大袈裟
…
でもね…
それに近いものがあるかもしれない
だからリスク回避のために大きなビジョンで日本の都市づくりを考えないといけないと私は思うの
大きなビジョン？

東日本大震災の教訓として大規模災害へのハード対策の限界が見えたのとすると都市機能を分散させることでしか機能不全を回避させる手立てはないと私は考えるわ
だから金沢か
きれいな街並みだな!
観光で来たんじゃないですからね
そういう塩野さんだって金箔ソフト食べてるじゃん
これは特産品の調査です
ぐっ
じゃあ俺も
ダッ
ダメよこの食べ物のレポは私が書くから1個で十分
安心して残りあげるから
塩野さん…
はい

金箔を食べた感覚がない
それはそうと東京ー金沢が2時間半で結ばれたなんて
大阪までの時間とほぼ同じよ
近いもんだ
北陸新幹線が完成して観光客数が一時4倍になったんだって
もの凄い経済効果！それに海外からの観光客もたくさん来てるしね
新幹線の経済効果は確実よ災害のリスク回避とは別としても
地域経済活性化のためにも新幹線は重要ね
そうだね
北陸新幹線は今、金沢が終着駅だしね

金沢から先は小浜から京都までのルートは決まったけれども
金沢
小浜
京都
山陰新幹線や上越から新潟・青森へはまだ構想段階ね
都市部に住んでいる人たちはインフラは十分に整備されていると思っているようだけれど
地方の視点から見るとまだまだ不十分です
そうなんだ
今、日本海側は新幹線効果で金沢の経済が活発になり京都舞鶴港の整備で観光クルーズ船の乗船客が増加しているわ
投資に対する大きな効果が期待できる!

地域創生はこうして進んでいくんだね
実は俺金沢に来るの初めてだけどもの凄く都会だと思う
これまでは集中
これからの時代は分散がキーワードになってくるんじゃないかな?
でも、この町を見る限りインフラの地域格差ってホントにあるのかなって思っちゃうね
そんなに必要としている所がホントにあるの?

だったら まだ時間があるから ちょっと付き合って ください
癒されるな… こんな所に 住めたら いいな
富山県南砺市
住んでいる人には 不便も多いのよ
そうか… 買い物とか 医療機関の関係ね
それだけ じゃないわ
ほら見て
この町に出入り できるのは さっき通ってきた 道しかなくて大雨で 土砂崩れが起きたら 孤立する可能性があるの
大雪で雪崩が発生し 道路が寸断されたり 灯油が不足するだけで生死に 関係することもあるのよ
昭和の時代の 話みたいだね
平成に生まれ 便利な都会で 過ごしている あなたには 見えないのね
ここが そうなの!
私も平成だけど

それを聞くと
ここに住むのは
辛いな
だから
インフラ整備は
まだまだ重要なの
やっぱりインフラの
地域格差っていうのは
まだ埋まってないわ
でもここに
別の道を通しても
意味がありますかね？
えっ!!
ほら
経済波及効果とか
やっぱり
投資するには
それによって
得られる効果を
検証しないと
……
経済の三面等価の
原則を考えたとしても
その検証は
重要だと思うな
そうね
経済としては…

限られた予算を考えると もっと重要なところに 支出するべき じゃないですか?
重要?
重要かどうか 誰が判断するの?
まずは政治家 でしょうけれども 広くは納税者というか 日本国民というか
それに 引っ越す自由も あるわけだから
不便なことを 承知して 住んでいるんだったら 自己責任では ないでしょうか?
やっぱり
フーッ
自己責任ね…
あのね 村上くん
私はここ 南砺《なんと》市で
生まれ 育ったの!
えっ!?
どこに住むか 選ぶのは確かに 自分の選択 だけれど 生まれてきた 場所は 自己責任なの?

自分の故郷が残ってほしいと思うことがいけないの？
不自由のない暮らしができるのは都会に住んでいる人だけなの？
ここに住んできた私たちだって日本人なのよ！

そうだったんだ塩野さんの強い思いは…
フッ
あなた地方のインフラ整備の現状はご存じ?
よく知らないです
アッ
木を見ずして森を語るなかれ村上は今、頬の痛みが塩野の心の傷のように感じていた

第5話 AIと愛のストーリー

「シンギュラリティ」とは技術的特異点とも訳され いわゆる人工知能が人間を超えることを意味します
シンギュラリティに達した場合社会はどのように変化するとお考えですか?
はい 現在、技術がどんどん進歩しています 想像もつかないレベルで変化するということが想像できます
2、3事例を教えて頂けないでしょうか
はい
何だ この空気は 俺が存在しない!
チェスや将棋ではすでにAIが人間を超えたのではないかと言われています

自宅で予約
スマホで受付
完了しました
スマホからの情報をタブレットで予診
症状のリストです
ここと ここ
また医学の分野では経験のある医者でも診断できなかった難病患者の病名をものの10分程度で特定できたという事例があります
頭部のセンサーで患者さんの体温・顔色・声のトーンをチェック
AIが識別疾患リストを表示
なるほど…
では近づくシンギュラリティに私たちはどのように対応すべきでしょうか?
これまた
難しい質問です
…
ただ大きな心配をする必要はありません
技術はあくまで社会をより良くするための道具として設計されています
ありがとうございます
俺は…
まるで…

他にありませんか?
あっ!
え…と…
特にありません
ではもう少しご案内しましょう
俺は…
まるで…
負け犬そのものだ

仕事に身が入らなくなってしまった…
富士高出版
村上ぃ何だこの報告書は！これじゃシンギュラリティが何か全く分からんぞ
ピラピラ
すみません編集長…
ん？どうしたその顔は？
実は…
そんなことがあったのかでもそれはお嬢ちゃんも怒るな
…
ちょっと成長したかと思ったらすぐこれだ

AIだったら
こんな失敗しないの
でしょうね
俺は人工知能以下だ
イエス
編集長ぉ〜
まあ聞け村上
人間は常に正解を
出し続けることは無理だ
良くも悪くも
想像を超える
ことがあるから心を
動かされる
お前もお嬢ちゃんに
魅かれたのは
あの何をしでかすか
分からない気の強さだろ?
はい

こんな話もある
今、技術革新が進んでいて介護補助スーツによって介護側の悩みだった腰を痛める人が激減してこれまでよりも4倍の介護が可能になったんだ
じゃあ介護をするロボットはどうだろうか
介護士不足で施設を閉鎖せざるを得ない状況の中では朗報と言える
しかしそれはあくまで介護する側の見方かもしれない
介護される側は感情のある人間なんだ
スーパーやコンビニのレジも無人化が進んでいる
労働力不足に対応するための店側の策だ
それに対して肯定・否定がある
客は感情のある人間だからだ
村上、分かるか？そういうことだよ
…
たとえの意味が分かりません！
…そうだな
レモン10個分口すっぱくしないとお前はダメだったね

じゃあ　これはどうだ
もう　いいですよ
まあ、聞け
日本青年会議所でな　インフラ投資による　地域再興に向けての　署名活動を　行っているんだよ
お願い　しまーす
へ？
失点を取り返す　チャンスだろ？　行ってこい！
ありがとう　ございます！
ピュ
この署名活動の　裏には宮部社長の　指令があった

1週間後の三条経済研究所
研究室に通してくれないのか…
な、何の用ですか?
この前はごめんなさい!
デリカシーのない言葉で本当にすみませんでした!
今さら謝られても
あのこれ見てください地方インフラ整備を求める署名です
でもこれだけじゃ…
これだけじゃありません

みんなに協力して
もらって…
これで許してもらえる
とも思っていませんが
今の俺にできることは
これだと思っています
元通りとは
言いませんが
せめて…
あら
み、
宮部社長!?
宮部さん!
部屋で待っててって
言ったのに!
なんだ
もう仲直り
しちゃってる
じゃない
えっ!!

この子がね
つい勢いであなたを
ひっぱたいて以来
どう接したらいいか
分からないから
相談に乗ってください
って
凄かったのよ
ワーワー泣きながら
ちょ
ちょっと！
だから
考え過ぎだって
言ったでしょ
あなたたち
意外と
お似合い
なんだから
もちろん
感謝しています
後の締めは
自分でやります
さーっ
帰ってください
む、村上〜！
なんだ
この
あっさり感は
休み返上の
俺たちの
立場は？
村上ーっ

塩野さん今回の本の名前何にする？
え？
デフレを根絶させるための子供でも分かる経済の本のタイトル
デフレ根絶
デフレ根絶
デフコン…
デフコン…うん、良いタイトルね
デフコン
(Defense Readiness Condition)
防衛準備態勢の意味もあるわね
デフレという危機からの脱出の意味を込めて
完

17

日本はなぜデフレから脱却しなければいけないのでしょうか?

回答者　経済評論家　三橋貴明

現在の日本は、インフレ率（コアCPIやGDPデフレータ）がマイナスの海に沈み、長引くデフレからの脱却が果たせないでいます。デフレ脱却の為には、どうしたらいいのか。まずは、デフレ化のプロセスを知りましょう。

国民経済において、我々生産者はモノやサービスという付加価値を「生産」し、消費・投資として「支出」してもらうことで「所得」を稼ぐ。所得創出のプロセスにおいて、生産の合計、支出の合計、所得の合計が必ず一致することは、先述しました。

さて、デフレの始まりはバブル崩壊です。バブル期、我々は銀行から借りたお金で、土地や株式（あるいはゴルフ会員権など）に投機します。投機とは、資産を活用した生

●所得創出のプロセス

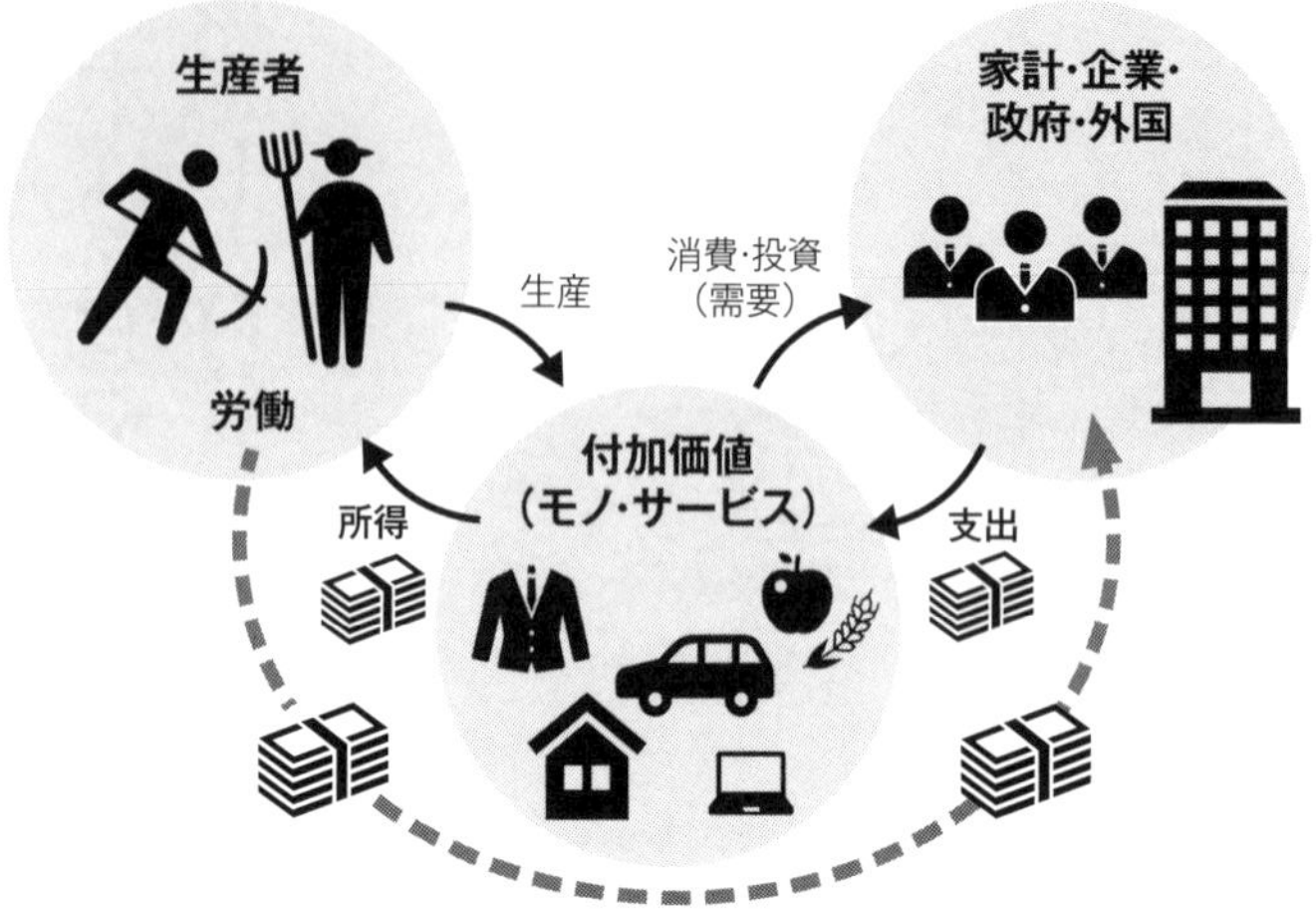

産ではなく、資産価値の上昇（いわゆるキャピタルゲイン）を目的とした資産購入のことです。

誰もかれもが資産価値の上昇を期待し、土地や株式に投機する。すると、資産価値が上昇する。それを見た他の人までもが、お金を借り入れ、投機する。すると、資産価値が上昇し……というのが、バブル膨張のプロセスなのです。

バブルは必ず崩壊します。崩壊しないバブルは、そもそもバブルではありません。バブルが崩壊すると、我々は「借金して買った資産の価値が暴落した」という憂き目に遭います。当たり前ですが、資産価値が暴落しても、借金の額は減りません。

バブル崩壊後に我々は借金返済にいそしみます。同時に、バブル崩壊で国内に将来不安が広まり、国民は一斉に銀行預金を増やし始めます。

借金返済も、銀行預金も、共に「消費・投資」という支出には該当しません。我々がどれだけ懸命に返済や預金に努めても、支出が増えない以上、誰の所得も増えないのです。

バブル崩壊で国民が支出を減らしている時期に、政府が「増税」「公共投資削減」といった緊縮財政を実施すると、その国の経済はデフレ化する。消費や投資が一気に縮小し、生産者の所得が激減。所得が減った人はモノやサービスの購入を控えるようになる為、物価が下がる。しかも、デフレ期は物価が下落すると同時に、消費や投資としての「販売数量」までもが減少します。

所得とは、価格×販売数量で計算されます。デフレ期には確かに物価が下がりますが、それ以上のペースで所得が落ちていくのです。いわゆる実質賃金の低下です。分かりやすく書くと国民の貧困化です。

というわけで、デフレとは「消費・投資」という需要の不足によって起きるのです。政府が消費・投資という需要を拡大する財政政策こそが、効果が実証された唯一のデフレ対策といえます。

18

財政出動の拡大は必要なのでしょうか?

回答者 京都大学大学院工学研究科教授　藤井 聡

「財政出動」は、経済対策の為に常にどのような時でも必要だ、というわけではありません。それが「必要な時」と「不要な時」があります。そして、今は100％財政出動が「必要な時」です。なぜなら、今は「デフレ不況」と呼ばれる国民の所得が下がり続け、皆が貧困化していく局面にあるからです。この局面を打開するには、政府による10兆円規模の大型の財政出動が必要なのです。

まず、「皆の所得が下がり続けるデフレ不況」という状況は、「日本の中で、モノやサービスを買う量が減っているから」生じています。要するに「あらゆるビジネスの売上が減っている状況」です。これを一般に「内需」が少ない状況といいます。この不況を終わらせるには、この内需を拡大し、「客を増やすこと」が必要です。

ところで、「客」には次の3種類があります。企業や世帯などの「民間」、中央の政府や自治体などの「政府」、そして「外国人」です。これらの内、外国人は全体のごく一部（純貿易という指標で1％程度）なので、これは大して景気浮揚効果はありません（爆買いをする中国人全体が日本で消費する額は、日本人トータルの0・5％に過ぎません）。

一方、「民間」は経済の75％を占めますが、デフレ不況では彼らは皆ビジネスの売上が低く、投資意欲がほとんどなく、支出拡大は望めません。そうなると支出拡大が期待できるのは、デフレ下では「政府だけ」となります。政府なら、皆にとって利益のある様々なインフラや研究、教育の投資や支出を、10兆円規模で可能です。これを2、3年継続すれば、世間にカネが回り出し、あらゆるビジネスが上向いて「民間」が支出拡大をするようになります。それこそ、デフレ脱却です。

したがって、こうしたデフレ脱却の為には、政府の支出拡大、つまり財政政策の拡大が必要不可欠なのです。

19

インフラ投資は今後も必要ですか？

回答者　京都大学大学院工学研究科教授　藤井 聡

デフレ脱却の為の政府支出の拡大において最も有望なものの一つが「インフラ投資」です。なぜなら、道路や新幹線等のインフラは、一度投資をして作り上げると、その後何十年も使い続けることができ、長きにわたって巨大な経済利益を地域に与え続けていくからです。

例えば、現在の三大都市圏の繁栄は、東名・名神高速道路や東海道新幹線がなければ絶対にあり得ませんでしたし、東京湾や大阪湾の大規模な港湾投資がなくてもあり得なかったことは明白です。さらに言うと、地下鉄や私鉄のネットワーク、水道や下水道などのインフラもまた、この三大都市圏の繁栄にとって不可欠であったことは火を見るよりも明らかです。

同様に、日本各地の都市や地域は、道路や鉄道、ライフラインなどのインフラがあってはじめて、今の形での経済活動が可能となっているのです。

インフラとは日本語で下部構造と言いますが、文字通り、インフラなくして、私たちの社会は成り立たないのです。ただし、今日ではそんなインフラはもう十分にあって、これ以上作る必要はないという風潮が我が国には蔓延しています。しかし、それは完全な勘違いです。

なぜならば、主要先進国の中でも、我が国の高速道路の整備水準は最下位だからです。パイプラインの整備率も同様に最下位。新幹線についてもかつては最も高い整備率を誇っていましたが、今となっては、フランスやドイツは全国各地に整備を完了し、主要都市の全てに新幹線が供用されていますが、我が国には、新幹線が供用されていない人口20万以上の都市が実に20にものぼります。日本の成長の低迷は、圧倒的な「インフラ不足」が重要な原因となっているのです。

20

公共工事の経済効果はどれくらいありますか?

回答者 京都大学大学院工学研究科教授　藤井　聡

例えば、10兆円の公共投資を行えば、今年だけで20兆円規模の経済効果があると言われています。しかも鉄道や道路があれば、さらに巨大な民間投資を引き出すことになります。三大都市圏への、過去何十年にもわたる巨大な民間投資はいずれも、三大都市圏への鉄道や道路、港などのインフラ投資があったからこそ誘発されたものです。

しかも、その効果は、何十年間も、場合によっては何百年間も持続します。今の東京は徳川家康が江戸に投資を行ったから、今の大阪は豊臣秀吉が同じく莫大な投資を行ったからこそできあがったものなのです。

したがって、例えば、10兆円を投じた公共投資は、何十年という期間をかけて、何百兆円という経済効果を生み出し、何百年という時間をかけて何千兆円という経済効果を生み出すのです。

21

「規制緩和」について詳しく教えてください

回答者 経済評論家 三橋貴明

そもそも「規制」とは、特定の産業分野に存在する「参入障壁」です。政府が国民の安全保障、品質維持、環境保全などの目的で法律を制定し、新規参入を制限するものなのです。

例えば、医師免許制度という「規制」。免許制度という規制がなければ、日本の医療サービスに「資格がなくても、自由に参入して構わない」という話になってしまいます。ブラック・ジャックのような、無免許の医師（？）に新規参入を許していて、医療サービスの品質を維持できるでしょうか。もちろん、不可能です。

規制緩和とは、法律を変更し、参入障壁を引き下げ、新規参入を増やすことが目的で

●規制緩和の仕組み

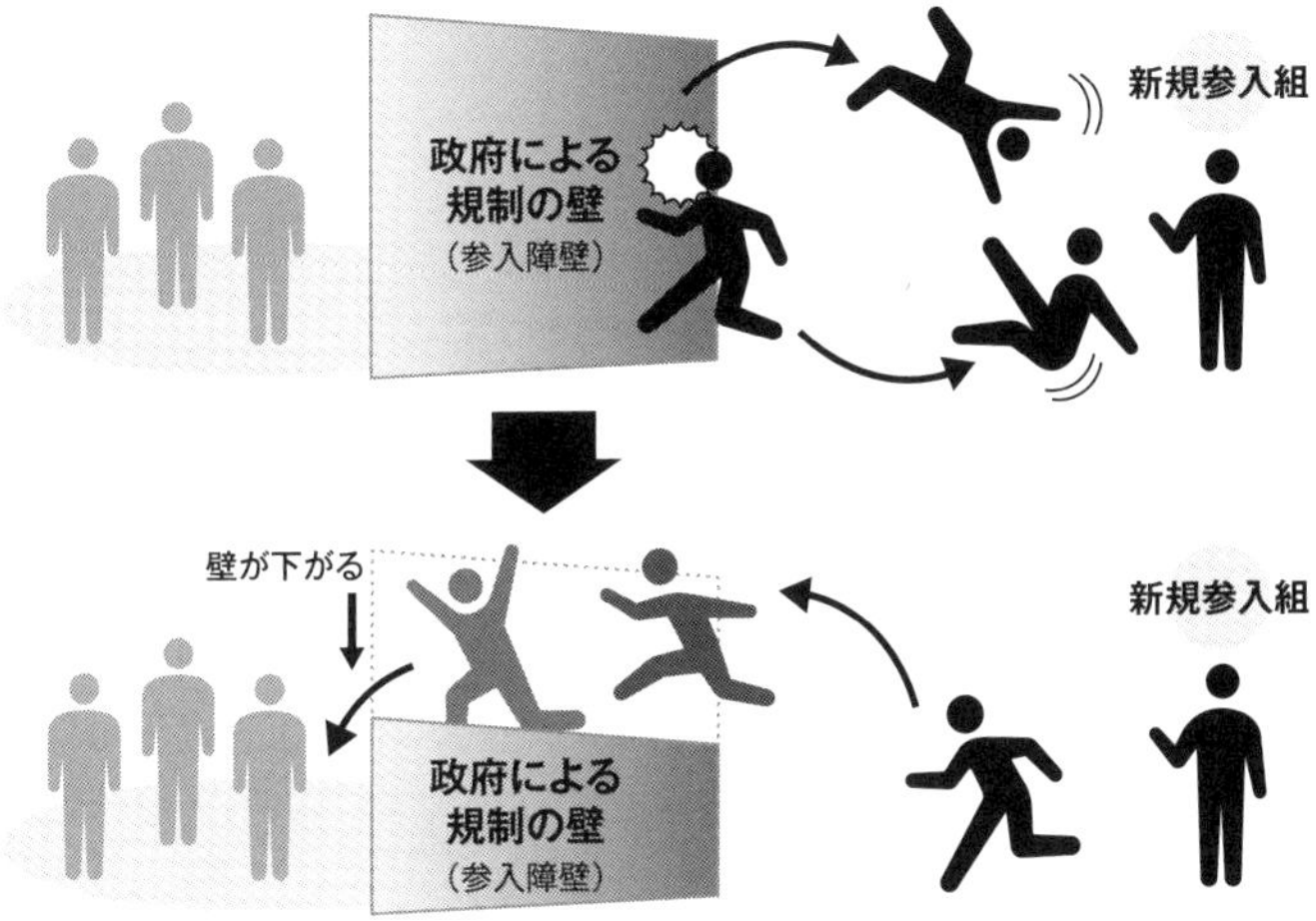

す。結果的に、産業内における競争が激化し、生産性が向上、製品やサービスの価格を「引き下げる」効果があります。すなわち、規制緩和とはインフレ対策と言えます。物価の上昇が続くにもかかわらず、生産者が生産性向上の為の努力をしない。そこで、規制を緩和し、競合を増やすことで物価を下落に導くのです。

規制緩和自体は、善でも悪でもありません。他の政策同様に、国民が豊かになるならば善、そうでなければ悪、というだけの話なのです。

より具体的に言うと、規制緩和は「インフレ期」に「安全保障や消費者の安全、環境など」に悪影響を与えない時、はじめて正当化されます。安全保障等に影響がなく、物価下落が国民を豊かにするならば、大いに規制を緩和すればいいのです。

逆に、デフレ期の規制緩和、それも安全保障等を弱体化してしまう規制緩和は最悪です。規制緩和により物価が下落すると、デフレは深刻化します。挙句の果てに、国民の安全保障が脆弱化するのですから、二重の意味で間違った政策と言えます。

2015年の農協改革は、「デフレ期」の日本において、食料安全保障を弱体化させる、最悪の規制緩和でした。なぜこの種の規制緩和が推進されるのか？　もちろん、日本の農業分野に新規参入し、利益を稼ぐことを望む特定のグローバル投資家、グローバル企業の意向が「在日米国商工会議所（ACCJ）」「規制改革会議」といったチャネルを経由し、政治を動かしてしまう為です。

そもそも、日本で最初に農協改革を「提言」したのは、ACCJです。2014年5月、規制改革会議がACCJの提言そのままの「農業WG報告書」を提出。農協改革が本格的に口火を切ったのです。

ACCJや規制改革会議の後ろには、全農を敵視するカーギルや、JA共済の市場を虎視眈々と狙う米金融企業、さらには農協の市場参入を欲する日本の企業、投資家グループがいました。

繰り返しますが、規制緩和自体は善でも悪でもありません。とはいえ「特定の誰かの利益最大化」の為に推進される規制緩和は、間違いなく悪なのです。

22

「農協改革」について教えてください

回答者 経済評論家 三橋貴明

国民経済において、生産、需要（支出）、そして所得の合計は必ず一致します。現在、日本の農業のGDPは4兆5000億円前後で停滞し、全く増えていない状況にあります。

日本の農業は「需要」が不足している状況です。逆に言えば、供給能力の過剰と言えます。特に、米の供給能力の過剰は凄まじく、国内需要600万トンに対し、生産能力が1000万トン。食料自給率や穀物自給率が低い我が国ですが、米については供給能力が過剰になっているのです。

日本国は米の供給能力について「削減」するべきなのでしょうか。とんでもない、日

●2011年　主要国の穀物自給率

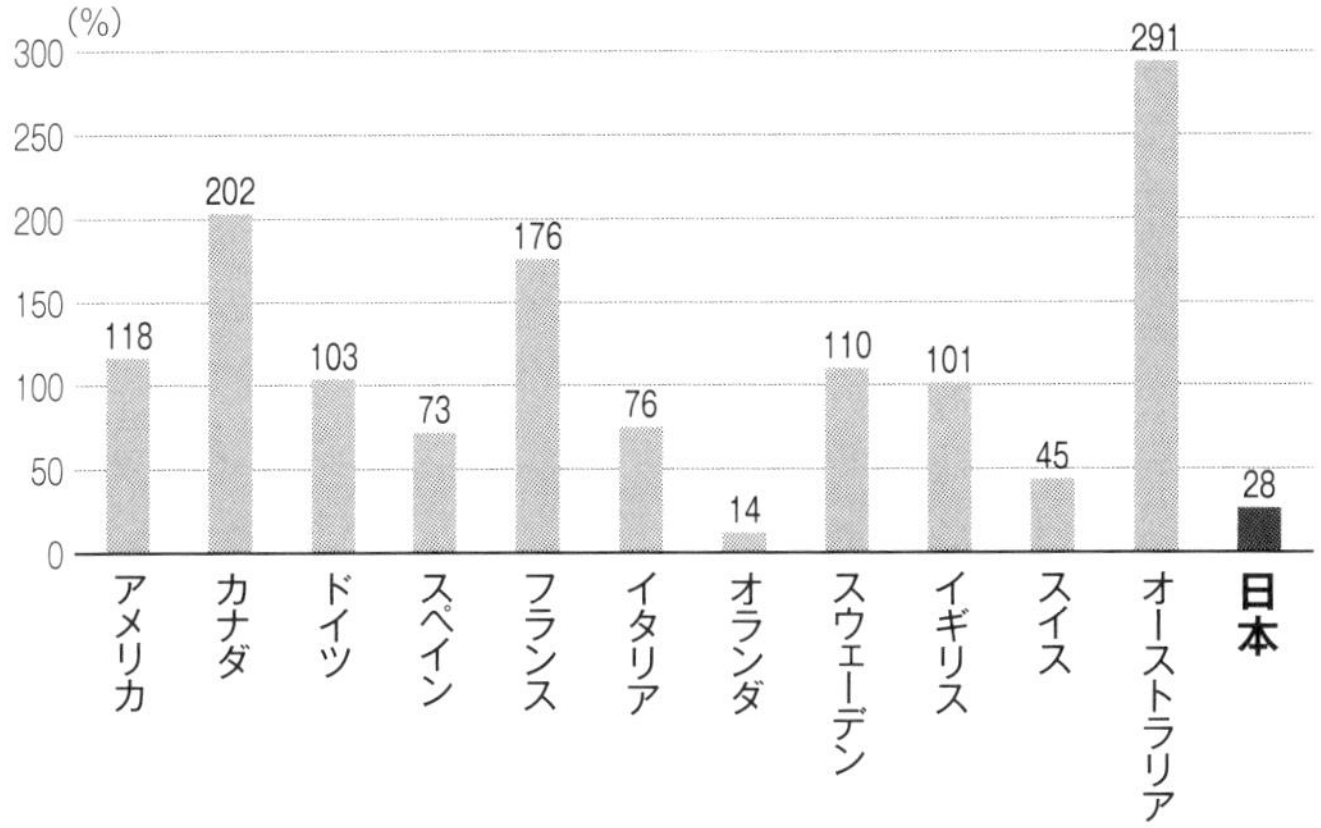

出典:内閣府、国税庁

本が米の供給能力を削減した日には、ただでさえ低い穀物自給率がさらに落ち込み、国家の食料安全保障が成り立たなくなるのは明白です。

　日本政府の農業政策は、需要の維持拡大に焦点を絞るべきでしょう。需要不足を理由に、日本の農産物の供給能力が毀損《きそん》していくと、国民が将来「飢え」に苦しむ羽目になりかねません。極端な話、国内で生産された余剰米は政府が適正価格で全て買い上げてしまっても構わないと思っています。日本の米の生産能力が失われるよりは、そちらの方がマシなのです。

　ところが、現実の日本政府は、農業の需要不足を解決するのではなく、六次産業化、

ＴＰＰなど、競争を激化させる政策ばかり推進しています。挙句の果てに、２０１５年の農協改革では、全農の株式会社化が可能になり、農業委員会法改正で、農地を守っていた農業委員がこれまでの公選制から、市町村長の任命制へと変わりました。さらに、農地法改正により、農地を所有できる法人について、総議決権の２分の１未満であれば、農業関係者以外の所有も可能になりました。

全農の株式会社化は、将来的にカーギルなどの外国の穀物メジャーが、日本の食料流通の根幹を握ることへの道を開きました。農業委員が首長の任命制になれば、これまで以上に農地の転用が進むことになるでしょう。一度、転用されてしまった農地を、元に戻すことは不可能です。また、農地法に外資規制はありません。日本の貴重な農地を保有する法人の株式が、事実上、外資系企業に支配される可能性は否定できません。

需要が不足している日本の農業において、競争を激化させるとともに、農家や農協の在り方を壊す「改革」ばかりが進んでいます。このままでは、我が国は食料安全保障崩壊という形で亡国に至るでしょう。

23

外国人労働者を多く受け入れていますが、日本はどうなるのでしょうか?

回答者 経済評論家 三橋貴明

資本主義とは、生産活動に「資本」「労働」「技術」という3つを投じ、労働者一人当たりの生産量を増やしていく経済モデル。資本主義の肝は、資本を「生産」できるという点にあります。例えば、過去に土木・建設業や自動車企業が、それぞれ「高速道路」「大型トラック」という生産物を生産したとします。

次に、運送業が「過去に生産された」大型トラックで高速道路を走り、運送サービスを「生産」します。トラック、道路という「資本」を生産活動に投じることで、運送サービスの生産性は劇的に向上します。分かりやすく書くと、ドライバー一人当たりの生産可能な運送サービスの量が激増するわけです。GDP三面等価の原則により、生産さ

●資本主義のモデル

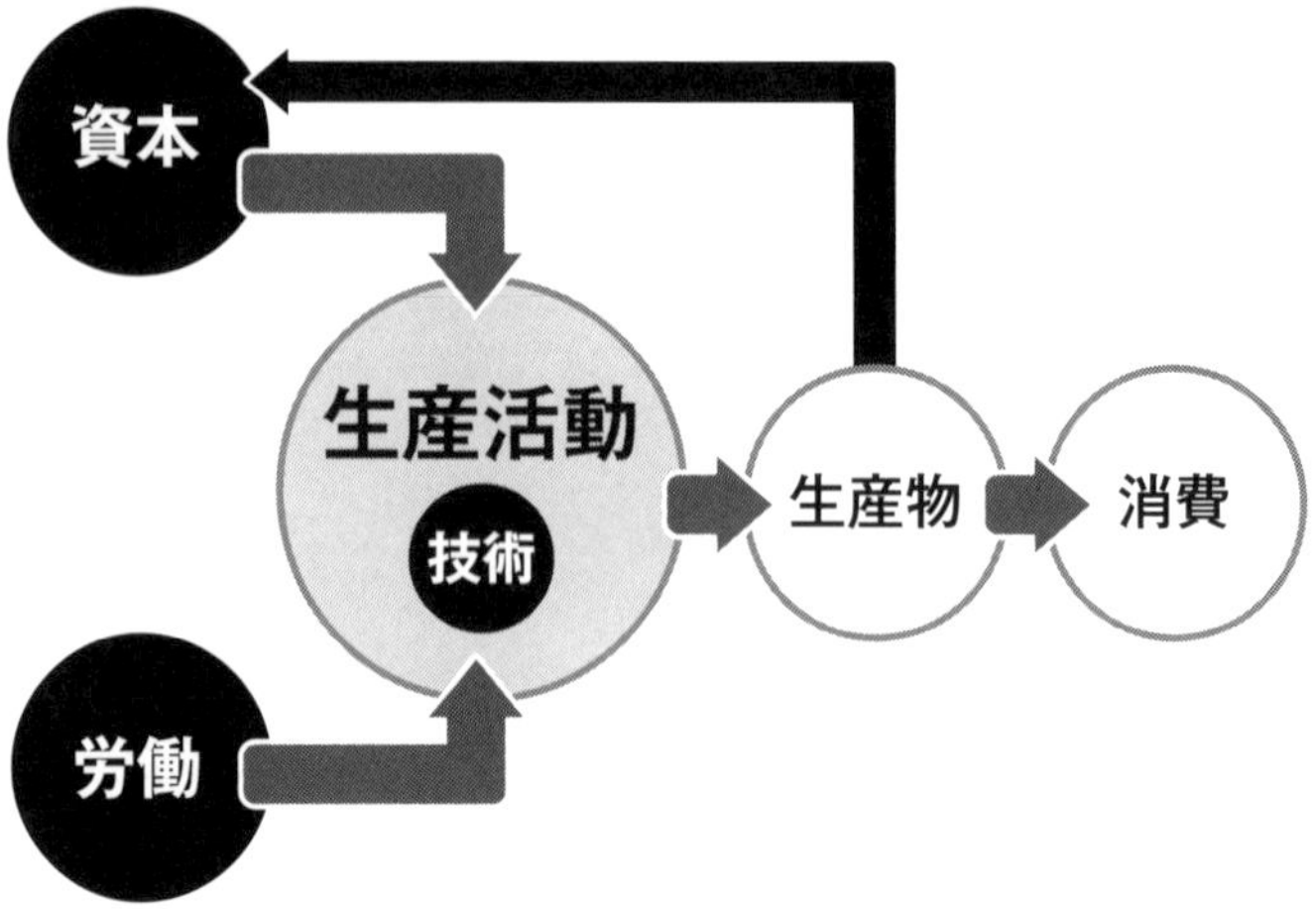

れたサービス（付加価値）の量イコール所得になります。資本を生産活動に投じることで、労働者が豊かになっていくのが資本主義なのです。

すなわち、資本主義に「労働者を増やす」ことで、生産量を拡大するという発想はないのです。人数がそのままであっても、資本、技術を投じることで、生産性を高め、生産量を増やし、人々を豊かにするモデルこそが資本主義なのです。

現在の日本における「人手不足を外国人労働者の受け入れで解消」という議論は、資本主義の原則に反しています。日本が外国人労働者を受け入れると、国民はさらなる賃金切り下げ競争を強いられ、実質賃金は下がっていきます。

日本国民は1997年のピークと比較し、すでに実質賃金が15%も下がるという貧困化に苦しめられています。そのうえ、外国人労働者と「底辺への競争」を繰り広げなければならないのでしょうか。

しかも、日本は生産年齢人口比率の低下により、人手不足が進行しています。人手不足を生産性向上の為の投資、つまりは「資本」「労働」「技術」の強化で埋めることで、経済成長できる絶好の機会を迎えているのです。具体的には、公共投資によるインフラの整備、企業の設備投資、人材の強化(労働者の増強、ではない)、そして技術開発投資の拡大です。安倍政権の移民受け入れ(外国人労働者=移民)政策は、人手不足を「低賃金で働く外国人」で埋め、国民の実質賃金をさらに引き下げ、加えて生産性向上の為の投資を妨害する。投資なしでは、経済は絶対に成長しません。

24

トランプ大統領による日本経済への影響はありますか?

回答者 経済評論家 三橋貴明

アメリカのトランプ大統領は、大統領就任前の時点から、「アメリカ車の日本販売が増えていない中、日本はアメリカに何十万台も輸出している」と、対日貿易赤字(※日本の対米貿易黒字)を問題視する姿勢を見せていました。確かに、日本はアメリカに173万5480台の自動車を輸出しています(2016年)。もっとも、ピーク時の1986年の343万4162台から比べると、半減しています。

日本の自動車メーカーは、アメリカにおける現地生産を進めています。アメリカ国内で生産される日本車は、2015年には384万台に達しました。さらに、アメリカにおいて、日系自動車メーカーが創出している雇用は、150万人に及びます。

●日本の対米貿易黒字

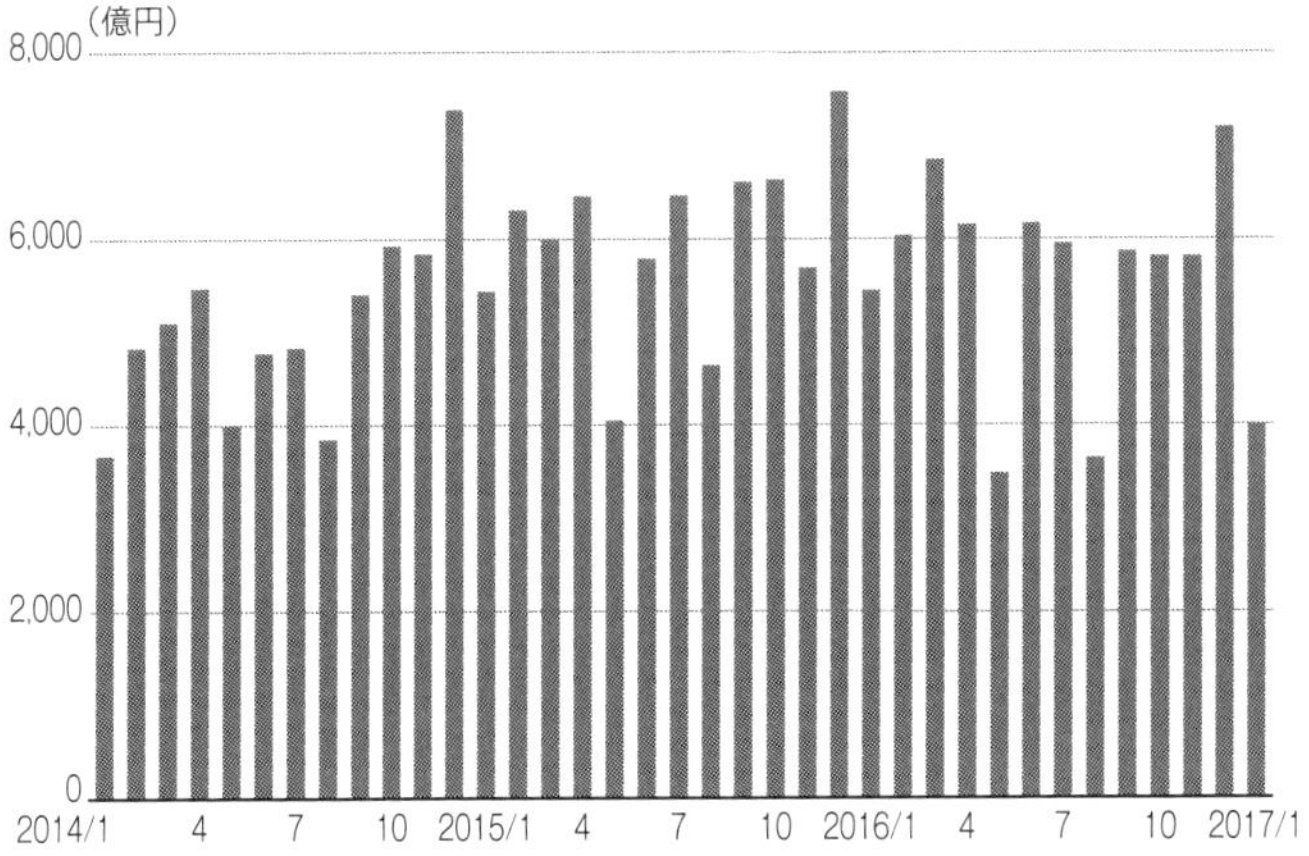

出典:財務省

また、アメリカ車の日本販売が増えない一因は、アメリカの自動車メーカーが、日本市場を意識した製品を開発せず、さらにサービス網に投資しない為です。細かい路地が多い日本市場で、あの巨大なアメリカ車が売れるはずがありません（しかも、左ハンドル車ばかり）。逆に、右ハンドル車を投入し、サービス網に投資したドイツ車は、日本市場において存在感を強めています。

要するに、トランプ大統領の対日貿易赤字の問題視は、言いがかりに近いのです。もっとも、就任演説において「バイ・アメリカン。ハイヤー・アメリカン（アメリカ製品を買う。アメリカ人を雇う）」を宣言したトランプ大統領が、対中国に次いで大きい対日貿易赤字をクローズアップする政治的な動機は理解できます。

ならば、日本国はどうするべきか。トランプ大統領が望むように、アメリカの対日貿易赤字を縮小し、かつ日本国が「利」を得る手段は、きちんと残されているのです。すなわち、日本政府が財政出動により国内に需要を創出し、我が国の内需主導のデフレ脱却、経済成長を実現することなのです。

日本国内の需要が拡大すれば、日本企業の供給能力がアメリカではなく、国内へと向かう。対米輸出は、縮小せざるを得ません。同時に、日本国内の経済が活況になれば、アメリカからの資源などの輸入が増えます。対米輸入が増え、対米輸出が減る為、必然的にアメリカの対日貿易赤字は小さくなっていくわけです。日本は内需主導型の経済成長により、国民が潤う。同時に、アメリカの対日貿易赤字が縮小する為、トランプ大統領も政治的な得点をあげることができます。日本とアメリカがＷｉｎ－Ｗｉｎとなる道は明白です。日本の国内需要創出によるアメリカの対日貿易赤字の縮小以外、まさに「There is no alternative（他に道はない）」なのです。

25

日本は裕福な国だから、貧困はないのでは？

回答者 明治学院大学大学院教授　菅　正広

日本はGDP世界第3位、一人当たりGDP世界第22位（USドルベース。IMF World Economic Outlook Database, 2017年4月）の先進国ですが、現在は国民の6人に1人が政府の定める貧困ライン以下で生活しています。現在の日本はかつての一億総中流社会ではなく、貧困格差が拡大した社会になっているといえます。厚生労働省によれば、貧困率は直近15・6%（2015年）で、特に母子家庭などひとり親世帯の貧困は、OECD（経済協力開発機構）の先進国中最悪で、過去30年以上一貫して同世帯の過半数が貧困ライン以下での生活を余儀なくされています。

現代の日本では、貧困は失職、病気、ケガ、事故、配偶者との離別・死別などによってほとんどの人に起こり得る、明日は我が身の問題になっています。

このような中で、私たちは、貧困は自分とは関係のないこととか、ひとり親世帯の貧困は自己責任の問題などとどこかで断じてはいないでしょうか？　貧困や格差の問題は、今や個人の問題としてではなく、社会の問題として取り組むべき時期に来ています。

何故なら親の年収と子供の進学率の正の相関↓中卒・高卒の約半数が非正規雇用↓非正規社員の年収は正規社員の3分の1↓年収に比例する教育資金……といったサイクルによって、貧困が連鎖し固定化する社会構造になっているからです。

26

マイクロファイナンスについて教えてください

回答者 明治学院大学大学院教授　菅　正広

　マイクロファイナンスとは、貧困・生活困窮者に対する小規模の無担保融資、貯蓄、保険、送金などの金融サービスのことです。バングラデシュのムハマド・ユヌス博士がグラミン銀行とともに２００６年にノーベル平和賞を受賞して世界中に普及・拡大しました。

　金融は、本来お金が必要な人に融通されることで、人々や経済全体の生活水準を向上させる優れたツールですが、通常の金融機関は貧困・生活困窮者に無担保でお金を貸してはくれません。マイクロファイナンスは、金融機関の発想をひっくり返した画期的な金融サービスと言えます。

また、マイクロファイナンスはバングラデシュのような途上国の農村ではできるものの、日本や欧米などの先進国の都会ではできないと言われていましたが、そのような通説は米のグラミン・アメリカや仏のＡＤＩＥなどのマイクロファイナンス機関の事例によってくつがえされました。先進国の都会でもマイクロファイナンスは行われ、貧困削減や中間層の拡大に効果を発揮しているのです。

マイクロファイナンスは、ビジネスの手法を用いて、貧困削減という社会的課題を解決するソーシャルビジネスの一つで、就労によって所得を創出する為の資金を提供するものですので、利益最大化を目指す消費者金融などとは明確に一線を画すものです。

何かがあって自分や家族が本当に困窮した時、どのような社会に住んでいたいと思うでしょうか。マイクロファイナンスは、そのような時に貧困のない、誰もが活き活きと生きられる社会に変わっていく為に必要なソフト・インフラなのです。

日本で「グラミン日本」ができ、本格的にマイクロファイナンスが行われるようになれば、中間層が拡大していくことが期待されています。

27

会社はいったい誰のものですか?

回答者　アライアンス・フォーラム財団代表理事　原　丈人

会社とは社会の公器であり、従業員や顧客、取引先、地域社会、さらには地球全体といった、会社を支える全ての人（社中という）のものです。欧米で見られるような会社は株主のものであるといった株主資本主義や自己資本利益率（ＲＯＥ）を追い求める経営では社会は成り立ちません。

会社は事業を通じて社会に価値を生み出して貢献するべきものであり、これこそが企業が持つべき価値観です。その為には会社があげた利益を、社中へ分配し、持続的に成長し、リスクをとって果敢に新しい事業へ挑戦し、常に改善改良に努めるといったことが求められます。それが公益資本主義に基づいた考え方です。

株主資本主義は経営者に短期的に株価を上げることを要求します。その為、時間がかかる将来の基幹産業となるような新しい大型の研究開発が妨げられてしまいます。

しかし、公益資本主義に基づき、次世代の基幹産業モデルとなる事業創造を実現することが21世紀の先進国の持続的成長の要となるはずです。公益資本主義の考え方は先進国だけではなく、発展途上国でも重要な役割を果たします。経済成長を促す以前に、経済的自立の為、公益資本主義の視点を持つことが重要です。

2030年までに世界における先進国の人口比率は12%程度まで落ち込み、88%をアジアやアフリカ、ラテンアメリカにある発展途上国の国民が占めることになります。先進国企業は発展途上国との取引を深めないと生き残れませんが、株主資本主義の考え方では大きな摩擦を起こすだけになってしまいます。

公益資本主義を日本から世界に発信し、会社は社会の公器であり、創造した価値を全ての社中へと分配するという考え方が浸透すれば、社会全体に豊かさがいきわたる必要条件がそろいます。そして世界の全ての国や地域で分厚い中間層を生み出すことができます。それこそが、日本の企業が進むべき道なのではないでしょうか。

28

今後、求められる企業経営の在り方とは?

回答者 株式会社イマージョン代表取締役社長　藤井正隆

少子高齢化による国内需要減少、グローバル競争といった厳しい環境に直面する中、日本の企業経営の在り方が問われています。しかし、一部の企業を除いて高度成長期に確立した企業経営から抜け出すことができず、事態を悪化させている状況です。

こうした問題意識から、3つの点で日本における企業経営の在り方を提言したいと思います。

①企業経営の目的は、関わる人の幸せであること

高度成長期は、売上・利益が目的化された時代でした。売上や規模の拡大、右肩上が

りの成長を目指しました。日本全体が貧しかった時代には、企業の成長は人々が豊かになることにつながりました。しかし、経済成長が止まると売上・利益の拡大を目指すほど、リストラや非正規社員化他、社員にしわ寄せがいってしまいました。

しわ寄せは、社員だけでなく協力業者への無理なコストダウン要求としても現れます。経営者は、企業の売上・利益は、関係者を幸せにする為の手段であることを肝に銘じるべきでしょう。

②モノづくり神話からの脱皮

かつて、日本人の几帳面できめ細かい気質は、ジャパンブランドなどと言われ、その高品質なモノづくりが世界的に評価されていました。しかし、この神話も大きく2つの面で崩壊しました。1つ目は、低コスト国の台頭です。同等の品質機能を持つものが、10分の1以下の価格であれば、「匠の技」といっても、10倍以上の価格差を埋めるだけの価値を消費者が見出すことは難しかったのです。

2つ目は技術革新です。他国でも3Dプリンターや AI等により急激に高品質の製品をつくることができるようになりましたが、日本におけるモノづくり神話は、いまだに根強いのです。

③非価格競争の実現

モノづくりだけでは限界があり、単純な価格競争は自殺行為です。価格競争から決別しなければ、関係者を幸せにすることはできません。

狭い分野におけるオンリーワン製品サービスの実現や、ビジネスモデル自体を見直さなければなりません。ｉＰｈｏｎｅに内蔵されている部品の多くが日本製ですが、利益を得ているのはアップルであることがこのことを象徴しています。

これらのことから、これからの日本企業は、社会の中での企業の目的を十分理解したうえで、過去の成功体験にとらわれず、新しい価値を提供しなければならないと言えます。

29

日本企業に求められる社会貢献活動とは、どのようなものでしょうか?

回答者 多摩大学大学院教授　田坂広志

これまで欧米で進められてきたCSR（Corporate Social Responsibility＝企業の社会的責任）の活動においては、企業の社会貢献とは、利益の一部を使って社会貢献活動を行うことや、利益の一部を社会貢献の団体に寄付することであるとされてきました。

しかし、日本においては、企業の社会貢献とは、そうした狭い意味ではなく、企業の「本業」そのものが社会貢献活動であると理解されてきました。

そのことを象徴するのが、日本型経営において語られてきた、次の3つの言葉です。

①企業は、本業を通じて社会に貢献をする

②利益とは、社会に貢献したことの証である

③企業が多くの利益を得たということは、その利益を使ってさらなる社会貢献をせよとの世の声である

そして、世界全体で資本主義の成熟が求められるこれからの時代には、この「本業を通じての社会貢献」の思想が、日本においてだけでなく、世界の企業経営においても学ぶべき、深みある思想となっていきます。

日本青年会議所が２０１６年に提唱し、全国各地の青年会議所が１０００件を超える活動を展開した「ＶＳＯＰ運動（ＶＳＯＰはVolunteer Service One day Projectの略。企業や商店、団体が本業を通じて月に1日、地域へ社会貢献を行う活動という意味）」は、まさにこの「本業を通じての社会貢献」の思想を、新たな形で広げていく活動でした。

なぜなら、「月に1日、本業を通じて地域に貢献する」という活動は、結果として、その企業の社員の働き甲斐を高め、企業文化を活性化するということに加え、その企業の周りに「目に見えない資本」（知識資本、関係資本、信頼資本、評判資本、文化資本、共感資本など）が集まってくることを実証したからです。

そして、これらの「目に見えない資本」は、昔から日本型経営と日本型資本主義が重視してきたものでもありますが、同時に、これからの高度知識社会において、ますます重要になっていく資本でもあります。

30

日本のマスメディアが「少し変わっている」と言われるのはなぜでしょうか？

回答者　経済評論家　三橋貴明

新聞、テレビなど多数の国民に広く情報を配信する媒体は、世界各地で発達してきました。瓦版から始まった日本の新聞は、明治時代に多数創刊され、「国民の啓蒙」に資するという理由で政府から積極的に保護されるようになります。

一方で、自由民権運動の流れに乗って政府に批判的な論調が目立つようになると、政府はこれらを取り締まるようになります。そのような中で1890年に誕生した「記者クラブ」は、各紙の記者が集団で政府と相対し、情報を引き出す役割を持ちつつ、引き換えに政府の意のままに情報を国民に発信する窓口にもなりました。

こうした政府とメディアの緩やかな癒着と緊張関係は、世界的にも珍しいとされています。戦後、民間放送の設立が認められると、各新聞社はこぞって放送局の設立に乗り出しました。地方でも放送免許の申請が相次ぎますが、その整理を主導したのが当時郵政大臣であった田中角栄でした。こうして中央紙と資本関係にある中央放送局（キー局）と地方局が連携し、記事や番組を共有する「系列」と言われる関係が構築されたのです。

中央紙・キー局の記者は記者クラブを通じて政府から情報を得て、それを系列局に流します。こうして日本では、世界に類を見ないほど画一的な情報が一挙に全国に配信される仕組みが形成され、それが現代まで続いてきたのです。情報の相対性がないことから、日本ではマスメディアに対する信頼度が極めて高く、「世界一マスメディアに騙されやすい国民」となっているのです。

上杉隆氏をはじめ、こうした日本の現状に危機感を覚えるジャーナリストもいましたが、記者クラブ制度は依然として存続しており、多様かつ自由な報道の妨げになっている現状があります。

31

新しいメディアの台頭により、メディアをめぐる状況はどう変化しましたか?

回答者　経済評論家　三橋貴明

インターネットをはじめとする情報技術の著しい発展により、広く世界に情報を発信できる新しいメディアを誰もが手にすることができるようになりました。それまでマスメディアの誤報や喧伝に対抗する手段はなく、マスメディアは第4の権力とまで言われるほどその影響力を強めていましたが、こうした状況は変わりつつあります。インターネットを介した情報コミュニケーションは加速度的に総量を増し、時にマスメディアが発信する情報よりも強い影響力を行使しつつあります。

一方で、これら「誰でも発信できる情報」には、取材等の裏付けのないものや、単なる誹謗中傷にとどまるものも多く、玉石混淆《こんこう》の情報の中から正しい情報を読み取ることはますます困難になりつつあります。

インターネット上の情報発信を規制することは、表現の自由を保護すべきという観点からも極めて困難です。これまではマスメディアが情報の正確性について責任を負っていましたが、これからは情報を受け取る国民一人ひとりが、正しく情報を読み取り意見を形成する責任を負う時代へと変わってきているのです。

32

メディアリテラシー教育に求められることとは？

回答者　経済評論家　三橋貴明

いまや国民一人ひとりが、正しく情報を読み取る責任を負う時代。情報を受け取る側のメディアリテラシーを高めることが極めて重要です。経済の分野では、明らかに誤った理解に基づく報道が頻繁になされ、真っ当な政策推進を阻害しています。こうした報道が生じる原因の一つに、言葉の定義を曖昧にしたまま印象だけで報道してしまうマスメディア側の姿勢の問題があります。

例えば、国債の発行を「国の借金」と言い換え、「借金＝悪」という印象から、国債の発行自体を悪者のように見せる報道です。

日本では国債の引き受け先のほとんどが国内の金融機関。国債の発行は、実際には家庭内の金銭移動と同じようなもので、直ちに国の財政を破綻させるようなものではないのですが、印象だけで捉えてしまうと間違った方向の意見が形成されてしまいます。

こうした過ちを防ぐには、言葉の意味を正確に理解すること、その分野についてのきちんとした知識を備えることが何よりも必要です。「言葉を正確に定義すること」「印象操作に騙されないこと」が、これからのメディアリテラシー教育には最低限必要とされています。

今では、少し努力すればマスメディアの報道する情報だけでなく、裏付けのある正しい情報も入手できるようになりました。こうした情報を見つけ出す技術も、国民全員が備えておきたいスキルです。

33

シンギュラリティとは何でしょうか？

回答者　人工知能先端研究センター　センター長　栗原　聡

シンギュラリティとは、技術的特異点という意味です。いろいろな説がありますが、2045年頃には1000ドル程度のコンピュータが人間の脳の100億倍の演算能力を持つようになることが予想されています。それを土台に進化した人工知能がより優れた人工知能を設計するようになり、人類の想像力が及ばない超越的な知性が誕生するのではないかという考えです。

シンギュラリティが本当に起こるかどうか。起こると考えている研究者もいますし、起こらないと考えている研究者もいます。

34

仕事はAIに取って代わられてしまうのですか？

回答者 人工知能先端研究センター　センター長　栗原　聡

取って代わられると思います。例えば、道具がなかった時代は計算をする時には、人間の能力でするしかありませんでした。時代が下るに従い、そろばんが開発され、電卓が開発され、コンピュータが開発され、エクセルのような表計算ソフトが開発されてきました。今、複雑な計算を人間の力だけで行うでしょうか。ほとんどの人はコンピュータを使うと思います。

技術が進歩し、より効率が良いものができれば、既存の仕事は取って代わられていくと思います。これはＡＩ特有のものではなくて、今までの歴史でも起こってきたことです。

35

人工知能が発展すると人はどう変化しますか?

回答者 人工知能先端研究センター　センター長　栗原　聡

生活をする為に仕事をするということはなくなり、自己実現の為に生きるようになるのではないでしょうか。孫正義やイーロン・マスク、スティーブ・ジョブズのように、社会をリードしている人の生き方が参考になるのではないでしょうか。

また、AIや機械を使って生産したものの方が安くて性能が良いという状態になると思うのですが、一方で「人間が手で作った」ということに価値が置かれる時代になるでしょう。どれだけAIが上手に絵を描いても、人間が描いていないという事実は覆せません。オリンピックを考えても機械を使った方が良い結果が出るのは目に見えていますが、そこに感動はありません。人間が行うことに意味があるのです。

36

人格をPC等にダウンロードすることは可能になりますか？

回答者 人工知能先端研究センター　センター長　栗原　聡

脳というものはただのデバイスです。人格をコンピュータにダウンロードしたりすることができるようになると思います。自分自身がPCの中で生きていくという意味ではなく、自分の人格を持ったAIが誕生するということであって、自分自身からみるとあくまで別ものです。

第三章 安全保障

37

軍隊を持つ意味とは？

回答者　国際安全保障学会会長／防衛大学校名誉教授　西原　正

米国も北朝鮮も、永世中立国スイスや南太平洋の小国フィジーも軍隊を持っています。日本の場合は自衛隊が軍隊にあたります。外国が軍隊を使って日本を脅したり、実際日本の領土をとるようなことがあれば、それを防ぐ為に軍隊が必要だからです。外国軍が攻めてきた時、自国に軍隊がなければ、手を上げて降参することになるでしょう。

軍隊を持っていなければ外国は日本を信頼して攻めることはないという人がいますが、それは大いなる誤解です。実際のところ、尖閣諸島は日本の領土ですが、中国は自国領であると主張して、公船や艦船を尖閣諸島の周辺海域に派遣して、日本を脅しています。日本に海上保安庁の巡視船や海上自衛隊の艦船がなければ、中国の主張に屈してしまうことになります。相手が軍事力で脅そうとしても、こちらも軍事力を持っていれば、相手は手を出すことをためらいます。

しかし軍隊を持っているだけでは日本は安全になりません。日本は経済生活の多くを貿易に依存しているので、主要貿易国やマラッカ海峡、ホルムズ海峡のような戦略的な海路を持つ周辺国との安定した友好関係を維持できるよう外交的努力が必要になります。

そして、もっと重要なのは、苦しいことがあっても日本を守るのだという日本国民の気概です。この気概が日本を世界から尊敬される国にします。

38

ミサイルを国土に打ち込まれたら、日本はどう対応すべきですか？

回答者 国際安全保障学会会長／防衛大学校名誉教授　西原 正

日本に飛んでくるミサイルがどこから来るのかによって自衛隊の対応は異なります。北朝鮮が打つのであれば、ミサイルは7～10分で日本に到達するはずです。自衛隊は米軍と韓国軍との連携により、北朝鮮がミサイルを発射するとともに、どの方向に向かい、どのくらいの時間で日本に到達するかを予測することができます。

ミサイルが大気圏外を飛んでいる間は、日本は海上自衛隊が所有しているＳＭ３迎撃ミサイルで撃ち落とすよう努めます。しかしミサイルがＳＭ３の迎撃を逃れて大気圏内に入ってきたなら、日本は航空自衛隊が所有するＰＡＣ３及びＰＡＣ２迎撃ミサイルで撃ち落とすことになっています。ＰＡＣ３およびＰＡＣ２は全国で６カ所にある高射群下の18の高射隊に配置されています。北朝鮮のミサイルが入ってくるであろう地域の住民に対しては、Ｊアラートというシステムによって、警戒警報を出し、注意を喚起します。米国は日米安保条約によって日本防衛の義務を負っていますから、北朝鮮や中国の対日ミサイル攻撃には迎撃して反撃することになっています。

日本側がこれだけのことを7〜10分間で行うことが果たしてできるのかに関しては議論が分かれるところです。現在自民党の中では、北朝鮮のミサイル発射直前に日本側がミサイル基地を破壊する能力を持つことを検討しています。この点はこれまでの「専守防衛」政策に合わないとして反対する意見も強くあります。

もし中国がミサイルを日本の国土に打つ場合は、到達時間がすこし長いでしょうから、それだけ対応しやすくなります。しかし、中国が同時に大量のミサイルを打ってきた場合には日本は、十分な対応ができないと考えられています。

39

個人情報や財産をサイバー攻撃から守るには、国や個人はどう対策すべきですか？

回答者　国際安全保障学会会長／防衛大学校名誉教授　西原　正

近年、不正なソフトウェアを使ってパソコン（やスマホ）の情報を盗んだり、勝手に情報を変更したり、大量のメールを送りつけて正常なインターネットの使用を妨害するサイバー攻撃が急激に増えています。またインターネットをロックされ、その解除と引き換えに〝身代金〟が要求されることもあります。

例えば、個人の銀行口座から一定金額を知らないうちにどこかに送金されていたり、生年月日などの個人情報を盗まれて悪用されたり、インターネットを開くと突然政治的メッセージ（慰安婦像の写真とともに日本の謝罪を要求する）が出てきたりします。またメールにある添付資料をクリックすると、インターネットの機能が異常をきたしたり、破壊されることもあります。

これらのサイバー攻撃は個人レベルの問題ですが、企業や政府のコンピュータに対しても同様に妨害行為が頻繁に起きており、企業や国家の機密漏洩や機能不全などは社会生活や政治外交に深刻な影響を与えています。例えば、2014年にはベネッセコーポレーションで2070万件の顧客情報が漏洩しましたし、2015年5月には日本年金機構の年金管理システムで保管されていた125万件の個人情報（氏名、生年月日、住所、基礎年金番号）が漏洩しました。

こうした問題に対処する為、政府は2014年にサイバーセキュリティ基本法を制定し、内閣サイバーセキュリティセンターがサイバー空間の安全の確保を監督しています。企業関係者も「情報漏洩セキュリティ対策ハンドブック」などを作成して企業による対策を支援しています。個人のレベルでの対策は、パスワードやアドレスを時折変更すること、不審メールは開かないで削除すること、最終手段としてはパソコンの初期化、再インストールをすること、などが考えられます。

40

日本の食料自給率について教えてください

回答者　国際安全保障学会会長／防衛大学校名誉教授　西原　正

日本人の食生活は過去50年間でコメ、魚、野菜を主としたものから「洋食化」し、麦製品（パン、ラーメンなど）、肉、乳製品（ミルク、バターなど）や油脂類に替わりました。日本人はまだコメを食べますが、食べる量が減った為、農家はコメを作るのをやめ、畜産業に切り替え乳製品を本業にする傾向にあります。

もし日本人が国産のコメを食べるのをやめ、米国やオーストラリアなどから輸入するコメや小麦でご飯やパン、うどんを食べるとしたら、どうなるでしょうか。もしこれらの国が干ばつなどの天災や他の政治的理由で日本にコメや小麦を輸出できなくなると、日本人は極度の不安に陥ることになります。食料の安全保障は日本人の安全・安心感にとって極めて重要です。

農林水産省の発表によれば、日本の食料自給率は１９６５年度には73％であったものが、２０１５年度には6年連続で39％でした。政府は２０２５年度までに食料自給率を45％にする目標を掲げています。しかし現在の食料自給率は39％ではなく、もっと低いのだとする説もあります。

例えば卵はほぼ国産（95％）ですが、ニワトリのエサの大半は輸入（エサの自給率10％）なので卵の自給率は９・５％になります。家畜へのエサや農家の使っている化学肥料はほぼ全部が輸入、また大規模農業に必要なトラクターなどの燃料の軽油やガソリンも輸入に頼っています。

日本の食料安全保障は有事の備えができていない点で深刻です。

第四章

憲法改正

41

憲法を改正したことがない国はありますか？

回答者 駒澤大学名誉教授　西　修

憲法制定以来、70年間にわたり一度も改正されていない国は、世界的にみて日本だけです。１９４５年の大東亜戦争（太平洋戦争）終結後、ＧＨＱ主導により作成された現日本国憲法は七十余年、一字一句、変えられていないのです。

第96条に明記されている通り、改正には衆参両院で総議員の３分の２以上の賛成を得た後、国民投票において過半数の承認が必要となり、承認を得た場合ただちに天皇が公布するという流れになっています。このような改正手続きは、他国に比べ非常に要件が厳しい。真に国民の声を反映するのであれば、まずは衆参両院での総議員の３分の２以上の賛成という要件を緩和すべきではないでしょうか。決して容易に改正ができるようにするということではなく、民意を問う機会の芽を摘み取らない為です。

ここで憲法第9条に目を向けてみましょう。第9条には「戦争の放棄」が明記されています。しかし、その内容は平和を訴えるだけで、平和を担保する条項が全くなく、自国の平和を維持する為にいかなる防衛体制をとるのか、何の規定も存在しないのです。

自衛隊は「合憲」か「違憲」か。また、「戦力」なのか「自衛力」なのかという議論が、古くから国会において数多く交わされてきました。テロや外部からの武力攻撃を受け、国土に甚大な被害が発生した場合、その混乱をいかに最小限にとどめ、迅速に回復をはかるのか、そのようなことを考えれば、現在の第9条は改められなければならないでしょう。その際、軍隊を保持する為の規定を導入すべきであるとの提案がありますが、「軍隊」の語に対する国民のアレルギー感は極めて強いのです。

現実的な第一歩を踏み出すには、「第9条の2」を新設し自衛隊の保持を明記することが、国民の合意に即するのではないでしょうか。

42

他国の憲法改正事情を教えてください

回答者 駒澤大学名誉教授 西 修

世界で一番多く憲法を改正した国はノルウェーです。ノルウェーの司法省ですら正確な改正回数を把握していないようで、今までに、400回以上も改正したという情報も。社会が変われば憲法も変わる、それが当然と思っているふしがあります。

次に多いのはメキシコで、2015年7月までに225回改正されています。また、インドでも2015年8月までに100回もの改正がされています。日本と同じく第二次世界大戦で敗戦したドイツですが、1949年5月に施行されたドイツ基本法は2015年1月までの66年間に60回もの改正がされています。1956年には、軍備条項を新設し、徴兵制の規定を導入しました。また1968年、与野党の大連立政権下で、極めて詳細な緊急事項がとり入れられました。

すなわち、連邦議会（我が国の衆議院に相当）が、連邦参議院の同意を得て防衛事態が確定されているが、連邦議会が集会できないような場合には、あらかじめ両議院で設置されている合同委員会でこの確定がされるのです。この防衛事態だけでなく、同事態にいたる可能性の高い場合に備える緊迫事態、同盟国支援の為の同盟事態の新設など、30カ条近くに及ぶ大幅なものなのです。

他国と違う点は、防衛事態の確定を行政府ではなく、連邦議会が行うとしている点であり、これはナチス時代における独裁を避ける為といわれています。緊急事項の導入によって、西ドイツはアメリカ、イギリス、フランスの3国から主権を回復し、名実ともに独立国家となることができました。なお、この基本法は、1990年、東西ドイツが統一した後に、全ドイツに適用されています。

43

憲法のない国はありますか?

回答者 駒澤大学名誉教授　西　修

世界の憲法は、実定法（成文憲法）として、憲法や基本法などの名称で存在しているものが圧倒的多数ですが、例外的に成文化されていない不文憲法も存在します。イギリス、ニュージーランド、サウジアラビア、オマーン、イスラエル、リビア及びバチカンの7カ国には成文憲法典はありません。

ただし、例えばイギリスでは、国会主権の原則のもとで国会によって制定された基本的な法律が憲法としての役割を果たしており、「形式的意味の憲法」は存在しないとしても、実質的には憲法と呼べる法規は存在しています。法の存在形式や名称等にかかわらず、実質的な内容に注目して、国家の基本構造や根本秩序を定める法規範を憲法と定義することが通常なのです。

世界の200近い国々がそれぞれ最高法規としての憲法を持つとしても、その内容や原理は一様ではありません。それぞれ歴史や伝統・国民性に依拠しつつ、憲法の制定や改廃を繰り返してきたのです。

44

日本国憲法は改正すべきですか?

回答者 駒澤大学名誉教授 西 修

本来、憲法は、「国のかたち」を表す最高の法規です。憲法を作成するにあたり、世界の憲法動向に留意しつつ、自国の独自性をどう投影していくかが大切な要素といえます。

日本国憲法がつくられた時と今とでは、時代環境がすっかり変わっています。日本国憲法のどんなところが時代と合わなくなっているのか、どうすれば時代に合わせられるのか、また、時代をリードしていけるのか。そのような視点から日本国憲法を考えていく必要があるでしょう。

最近、憲法改正の論点として、

①第9条
②緊急事態条項
③教育の無償化
④一票の格差

これらの問題が浮上してきています。緊急事態条項とは、戦争・テロ・大規模災害などの非常事態が発生した場合に、政府や国会の権限を一時的に強化する規定です。国の存続を脅かすような緊急事態において、国民の生命、身体、財産を守り、混乱の早期収束の為に、国に何ができるのかを定めたものなのです。

教育の無償化とは、幼児教育や高等教育を無償にするというものです。近年、少子高齢化は日本が抱える最重要課題ともいえます。無償化することにより、子供にかかるコストが減るので出生率が改善することが見込まれています。

また、教育の無償化を憲法で保障することは、国が保育園などを設置しなければならないことになり、待機児童問題も必然的に改善され、母親が働きやすい環境になり、世帯経済が潤う経済効果があります。高等教育についても、大学進学率が上がり、大卒者が増えることにより国民所得が増加するとされています。

一票の格差とは、選挙で、一人の議員が当選する為に必要な得票数が選挙区によって異なり、有権者の一票の価値に格差が生じること。こうした格差は、憲法が保障する法の下の平等に反しているとされているのです。

我々国民は、憲法を活かし、成長、発展させていく為に、新しい、そして広い視野から日本国憲法を見直していく必要があるといえます。

第五章
外交問題

45

グローバル化の問題点はありますか?

回答者 京都大学大学院工学研究科教授　藤井 聡

グローバル化とはそもそも、「マーケット」をボーダレス化していこうとするもの。必然的に、あらゆる国と地域のマーケットを世界的競争に巻き込んでいき、過当競争が起きます。結果、弱肉強食が進み、中小のローカル企業の業績はあらゆる地域で悪化し、場合によっては倒産していきます。その結果、先進国も途上国も皆、経済が疲弊し、世界的に経済が低迷（デフレ化）していくことになります。そのメカニズムを途上国と先進国で分けて説明すれば、次のようになります。

まず「途上国」では、もともと企業の競争力が高くないので、企業倒産、失業が増えていくことになり、国内経済が疲弊していきます。同時に多国籍企業が直接進出するのみならず、地元企業を系列化したり買収したりしていきます。つまり、国内のビジネスのほとんどが「外国資本」のものとなっていきます。そうなると「株主配当金」の形で国外にマネーが大量に流出し、国内経済をさらに低迷させます。かくして、グローバル化は、途上国（～中進国）において、貧困を生み出していくわけです。

一方、「先進国」においては、各企業がグローバル競争に勝ち残る為に、値段を引き下げる圧力にさらされます。結果、賃金が上がらなくなっていきます。一般に、こうした競争は、「底辺への競争」と呼ばれています。つまり、中国やアジアの安い労働力で作られる製品と競争する為に、日本国内等での賃金も引き下げられていくわけです。そうなると、先進国においてもデフレ圧力にさらされることになります。

こうしてグローバル化が進めば、1％程度のごく一部の資本家だけが大もうけができる一方、それ以外の99％の人々が先進国、途上国を問わず貧困化していくのです。そして、この貧困化は、治安悪化や財政悪化を導き、テロや犯罪、政情不安を生み出していくことになります。

46

グローバリズムが世界にもたらすものは?

回答者 京都大学大学院人間・環境学研究科准教授　柴山桂太

グローバル化は歴史の必然であって、不可避なもののように考えられています。リーマン・ショックさえも「一時的混乱であり、いずれグローバル化の正常な軌道に戻る」と言われています。しかし歴史的にみても、グローバリズムと脱グローバリズムの動きは繰り返し起こってきました。グローバル化はある歴史的な一局面にすぎず、不可避でもなく、またその終焉が破滅を意味するわけでもありません。

グローバル化が制限されていた1970年代以前の方が、規制も税金も制約も多かったにもかかわらず、経済成長していました。資本主義は国家という枠内で市場とガバナンスを発展させてきたのです。市場は国などのルールによってしっかりと統治されて初めて機能します。国によるルールの違いを取り払おうとするグローバル世界では、必要とされるグローバルな統治が全くない状況になっているのです。

　そうなるとグローバル資本主義・新自由主義は、社会格差を広げ、社会の在り方を崩壊させ、国家の自律性も失わせ、経済成長すらも実現しない。しかも絶えず危機が続く。このような状況を世界に強いていることになります。恐ろしいのは、新自由主義によって生じている問題を「自己責任」という理論で正当化して、正しい手立てを打とうとしない政治の在り方です。

47

日本はグローバリズムを推し進め、国際的障壁を撤廃していくべきですか？

回答者 特定非営利活動法人言論ＮＰＯ代表　工藤泰志

グローバリズムが世界の支持を得ているのは、多くの人の共通利益になっているからです。しかし、金融を主体とした過度なグローバリゼーションが世界の所得格差を広げ、不安定さを高め、脆弱国家から多くの難民やテロリストが生まれ、それに主権国家がなかなか対応できない現状を招いているのです。グローバリゼーションが多くの人の共通利益となり、包摂的な世界の発展につながる為には、グローバリゼーションに伴う様々な課題に取り組むことが必要です。

こうした状況に一国主義や保護主義で取り組むことは、世界の発展や協力に大きな障害をもたらすことになります。自由な秩序や多国間主義に基づく国際協力はこれからも堅持すべきで、戦後、その利益を体現化してきた日本こそがそうした規範の提唱者になるべきです。また、グローバリゼーションが国内利益とつながるような構造改革や所得再分配、ルールを軸としたガバナンスの強化、世界の開発や貧困、グローバルヘルスに取り組む局面なのです。

48

日本が国際社会で優位的な地位を築いていく為に今後すべきこととは？

回答者　特定非営利活動法人言論ＮＰＯ代表　工藤泰志

戦後世界の発展を支えてきた、自由な秩序や自由貿易、民主主義、多国間主義に基づく国際協調を守り、発展させる為に他の民主主義国と協力して行動すること、さらに世界的な課題に対して積極的に取り組み、発言力を高めることです。

その為には日本が、直面する人口減少、高齢化に対する自国の運営を成功させ、アジアの平和秩序の形成という先進課題に取り組むべきでしょう。

49

民間レベルでできる外交活動としては何をしていくべきですか?

回答者 特定非営利活動法人言論NPO代表　工藤泰志

民間外交の基本的な役割は、政府外交の環境づくりや基礎工事です。国境を超えた課題解決には、国内世論のバックアップが不可欠であり、民間がその役割を積極的に果たすことが必要です。課題解決の意思を持つ民間人が他国と対話をし、多くの人が課題を一緒に考える舞台を作っていくことが何より大事でしょう。

50

日本とロシアは今後どのような経済交流を行うべきでしょうか?

回答者 日露青年交流センター事務局長　渡邉修介

経済交流であれば、モスクワよりも地理的に近いシベリア・極東地域をより重要な対象にするべきです。現在でもロシアの経済人を日本に招いて工場見学等をする事業は少なくありませんが、そのほとんどが大規模な会社の見学になっており、企業間協力の具体化には時間を要するケースがしばしばです。

日本の経済の基盤を支えるのは中小企業ですので、例えば経済交流事業を開催してロシアの若い中小企業の経営者を招き、小規模の会社・飲食店・温泉等を見学させ、研修させるのが効果的だと考えます。

ロシアの中小企業は管理面等において未だ十分に整備されていないところが多いので、

日本の会社の運営方法はロシアの中小企業にとって必ず参考になるはずです。そのような交流を継続して、両国の青年経済人が先頭に立ち、ビジネス交流につなげていくことも必要だと考えます。

51

日露関係を良くしていく為に民間としてやるべきことは?

回答者　日露青年交流センター事務局長　渡邉修介

日本人はロシアに対して「難しい国」等の印象を持つ人も少なくありませんが、そのような偏った認識のもとでは、日本とロシアの国家間の関係や国民同士の交流にも支障が出てくるのは当然です。

日露首脳間で合意した8項目の日露経済協力プランにもあるように、人的交流（大学間交流）の推進は非常に大きな意味があると思います。ロシアの、特に若い世代の人たちは、日本のサブカルチャー等を通じて親日の方が少なくありません。さらに、若い世代の日本人にもロシアに対して興味を抱いている方が増えています。

また、昨今は日露友好の気運が高まっており、両国政府の支援も期待できる環境にあります。若い世代の交流やスポーツ交流を積極的に行い、ソ連時代を知る日本人が持つ「ロシアは難しい国」という認識を払拭し、両国の人的交流を活性化していくことが民間外交として必要であると考えます。

52

政府間ではできない日中間の民間外交の果たすべき役割とは？

回答者 日本JC日中友好の会会長　相澤弥一郎

本年は日中国交正常化45年目を迎えます。これまでの両国の関係は必ずしも平坦ではありませんでしたが、両国の発展に向けて、政府のみならず、民間の力において経済や文化での交流を促進することによって、両国関係が緊密に維持されてきました。

私たちが目指す恒久的な平和状態とは、自然にできるものではなく、維持・発展させる為に人々がたゆまぬ努力をしなければならないのです。歴史を振り返れば国家と国家は融和や緊張を繰り返します。しかし、国をつくるのは人であり、政府組織ではありません。組織は時として損得で動きますが、人と人とは無償の善意によって動きます。そして「国と国の付き合いは国民同士の親しみから、国民同士の親しみは心のつながりから」と言われるように、国民相互の理解こそ国家友好の礎となるのです。

私たち民間がすべきことは、大上段に構えて天下国家を語ることではありません。基本は、小さくとも一人の人間として、相手と向き合うこと、まずはそこから相互理解の種が芽生えてくるのです。この小さな種を個人間で、組織間で、様々なところで育てていくことで、両国は真の友好関係となるでしょう。国家同士の関係が困難な局面に陥った時、その問題を取り除く為には、素朴な個人や民間の交流が重要な鍵となります。民間外交に求められることは、過去の歴史にとらわれる以上に、両国の発展的な未来を志向することではないでしょうか。それが互恵的発展へとつながりアジア諸国の平和につながるのです。

よって、自由主義を標榜できる我が国の民間外交において、国家間がどのような困難な状況にあろうとも、私たちは相手と絶対に手を離してはならない。これが民間外交を行う者の志でなければならず、その責務を負う者がいたが故に、今も平和を維持しているのです。これこそが私たちの果たす役割です。

53

日本は国連常任理事国入りを目指していくべきですか？

回答者　特定非営利活動法人言論NPO代表　工藤泰志

常任理事国入りを目指すべきです。しかし、世界の秩序の不安定化や国内紛争に世界が答えを出せない中で、それを目指すには日本自体が世界の中でどのような責任を果たすのか、積極的平和主義とは何なのか、そうした理念や行動目標を明らかにし、国民の支持を得る努力が不可欠なのです。そうした準備ができているのか、ということも併せて考える必要があります。

54

国連常任理事国に日本が入る為にすべきこととは？

回答者　国連開発計画（UNDP）駐日代表　近藤哲生

いま世界では1日に32件のペースでテロが起こっています。世界のテロ動向報告書によれば、２０１５年のテロの犠牲者数は２万９３７６人にのぼります。テロをはじめ、世界の様々な問題を解決する為世界１９３カ国が加盟する国際連合が存在し、その中の最高決定機関である国連安全保障理事会（安保理）があります。現在の常任理事国は５カ国（米英露中仏）で、国連憲章が改正されない限り恒久的にその地位にあります。

国連憲章の改正は、総会構成国の３分の２の多数で採択され、且つ、安全保障理事会のすべての常任理事国を含む国際連合加盟国の３分の２によって、各国の憲法上の手続きに従って批准される必要があります。その中で日本は２０１６年１月１日より２年間の任期で11度目となる非常任理事国入りを果たしましたが、世界第2位の国連分担金拠出国であるにもかかわらず未だ常任理事国入りができておりません。

国連改革の一環として、ドイツ・インド・ブラジルとの4カ国同時の常任理事国入りを求めて、国際社会に強く働きかけを行ってきましたが、自国の利益を損なう可能性のある国々が反対しているのが現状です。

昨今テロが増加する中で、核保有国による抑止力も必要ですが、本当の意味での恒久的な世界平和を実現する為には武力や核兵器に頼らない組織構成が必要になります。世界で唯一の核兵器被爆国である日本が世界平和を訴える必要があります。また、国連創設以来変わっていない常任理事国の構成について考え直す必要があるのではないでしょうか。

今回、日本青年会議所（ＪＣ）の方々とお話しして知ったのですが、ＪＣでは活動の中で国史を知る時間をもち、日本には２６７７年の歴史があり、古くから多様性を受け入れてきたことなどを学ばれるそうですね。今こそ世界中に自分とは違う価値観を理解し、多様性を受け入れる為の仕組み作りが必要です。様々な人種・国の人間と出会い、相互理解を深める機会を創出する為に政府主導だけではなく、民間外交の力をもって提言していく必要があります（※本稿は個人の経験上の見解であり、また日本青年会議所による聞き取りにより執筆されたものです）。

55 UN SDGsとUN MDGsについて教えてください

回答者 国連開発計画（UNDP）駐日代表　近藤哲生

SDGs（Sustainable Development Goals＝持続可能な開発目標）とは、MDGs（Millennium Development Goals＝ミレニアム開発目標）に続く2016年から2030年までの国際目標です。MDGs（2001〜2015年）は人間開発分野における国際目標であり、途上国の貧困や初等教育、保健等の従来通りの開発目標が中心で、「途上国」に対し先進国はそれを援助する側という位置づけでした。

これに対し、SDGs（2016〜2030年）では開発という側面だけでなく、経済面・社会面・環境面の3つの側面全てに対応することが求められ、対象を「全ての国」とし、先進国における生産と消費、自然エネルギー、途上国における国内の資金動員などの課題も取り扱われています。

8ゴール（項目）21ターゲット（目標）のＭＤＧｓに対し、ＳＤＧｓは17ゴール（項目）169ターゲット（目標）と、より具体的に細分化され、新しいターゲットは開発途上国だけではなく、先進国にも課されます。

またＳＤＧｓの取り組みに関しては、民間企業や市民社会の役割の拡大など、開発における国際的な環境の変化を受け、様々なステークホルダーの協力を求める「グローバル・パートナーシップ」の重要性が盛り込まれています。

目標は13年後の2030年。ＳＤＧｓの合言葉は「誰も置き去りにしない」。貧困の撲滅と環境に優しい持続可能な開発へ向けた目標を掲げ、ＭＤＧｓが着手した取り組みを完遂させなければなりません（※本稿は個人の経験上の見解であり、また日本青年会議所による聞き取りにより執筆されたものです）。

56

国連の世界平和の為の活動とは何ですか？

回答者　国連開発計画（UNDP）駐日代表　近藤哲生

国連憲章第1条は、国連の目的の一つを「国際の平和と安全を維持すること」と謳っています。安保理は、紛争予防、平和維持、平和構築等、国際の平和と安全維持の為に活動しています。紛争の解決及び紛争後の地域の安定化に取り組む手段の一つとして国連平和維持活動（PKO）があります。PKOは国際の平和と安全の維持に関する国連活動の中核の一つであり、その多くはアフリカ及び中近東に展開しています。

国連の、国際の平和と安全を維持する活動は、国際テロリズムや大量破壊兵器の撲滅です。これまで、軍縮や軍備規制に関する多くの多国間協定が採択され、核兵器の削減と撤廃、化学兵器の破壊、生物兵器の禁止、小型兵器や軽火器の拡散防止に関する条約が締結されました。現状、世界に1日1ドル90セント以下で生活する人口が7億〜8億人いると言われています。その多くが、紛争中又は紛争後の社会で生活しています。脆弱国家は、麻薬などの組織犯罪やテロの温床になりかねない危険性をはらんでおり、紛争が起きた多くの国は、紛争の再発を経験しています。紛争後の平和を定着させ、経済活動を促進し、安定した社会運営を支援していくことは国際社会の課題となっています。

世界の平和構築の為、紛争の悪循環から抜け出せない人々に対して手を差し伸べ、国際社会の安定に取り組むことは、安全と繁栄につながる重要な課題です。その問題解決には、対立する勢力の双方に紛争を平和的に解決したいとの願望があり、安全保障理事会からの明確な指示があり、また、国際社会による強力な政治的支援があり、そして活動の目的を達成する為に必要な人的、物的資源の提供があることが必要です。

国連が平和構築の為に掲げ、国連加盟国が2030年までに達成を目指すUN SDGsは、開発という側面だけでなく、経済面・社会面・環境面の3つの側面全てに対応することが求められ、対象を「全ての国」としています。平和構築を平和の定着と国づくりと捉え、和平プロセスや国内治安・安定を促し、当該国の政治・経済・社会の枠組みの強化を目指す活動をしていく必要があります（※本稿は個人の経験上の見解であり、また日本青年会議所による聞き取りにより執筆されたものです）。

第六章

地域再興

57

地方創生を実現する為に地域がやるべきことは何ですか？

回答者 富山市長　森　雅志

地方創生を実現する為に各地域がやるべきことは、戦後から今日までの行政の在り方について改善すべき部分がないか立ち返り、さらに新たな視点として地域の公共ストックを最大限に活用する方法が何かを市民と行政が一体になって考えることです。

これまでの行政サービスのように全て平等という意識のままでは、首都圏への人口流出に歯止めをかけることができず、地方は益々疲弊していきます。今の市民の為の街づくりだけではなく、将来を見据えた意識への変革を進めるとともに、投資すべきものの選択と集中を行ってハード面の充実を図り、さらに地元に住みやすい環境を整えていくことで街の総合力を高めることができます。

魅力的な街、住みよくお洒落な街へ変わっていくことで、地価が上昇し、ひいては行政の税収が改善されることでさらなる投資への好循環が生まれます。これからの大胆な街づくりの為には、まずは小さな成功体験の積み重ねから始めていくことが必要です。

58

若者の地方からの流出に歯止めをかける方法はありますか?

回答者 富山市長　森 雅志

国は地方に平等に投資するのではなく、地方主要都市への選択と集中により大規模投資を行う必要があります。例えば、仙台市を世界一の教育都市にして、東北市民の目線を仙台に向けて東京には行かせない「人口流出防止ダム」の政策を行うことで若者の定住化や首都圏などからの若者の流入も可能にする。このような政策で、単純に都心へのあこがれだけで移住する若者に地方の魅力や、魅力が進化した姿を伝えることで地方の若者流出に歯止めをかけることができます。

また、ＩＣＴ（情報通信技術）などを使い、都心の教育を地方でも受けられる環境を作ることも大切でしょう。地方の人口の減少により、幅広い教育環境も減っています。

対して東京は幅広い教育環境を持つことにより全国から若者を集め、さらに一極集中を加速しています。東京でしか受けることのできない教育をＩＣＴを使い地方でも受けることができれば、地方の若者流出を防ぐことができるとともに地方の教育レベルが上がり、地域産業が活性化し地域再興につながると言えます。

59

官と民が協働することの利点は何ですか？

回答者　富山市長　森　雅志

人々の多くは、かつての人口増加時代の成功イメージを未だに現代の政策に当てはめて、地域経済の活性化を目指そうと頑張っています。しかし、今の時代は人口減少という過去にない社会情勢の中で動いているので、従来の政策を実施していても成功に導くことは困難です。

改めて、日本経済の現状と将来を冷静に分析して、将来の人口に見合った社会経済とはどのようなものなのかをイメージして政策を考えていく必要があります。その為には、官と民それぞれの得意とする分野や、それぞれにしかできない分野の政策を組み合わせて、これからの豊かな社会づくりとはどのようなものなのかを考えていく必要があるでしょう。

つまり、官と民がそれぞれの視点で街の将来像を考えるとともに、協働して政策を考えることができれば、新しい視点での物の見方が生まれるとともに、法律の壁をも乗り越えるような柔軟性に富んだ政策や市民サービスが生まれると考えています。

ＰＦＩやＰＰＰといった官民連携事業が、様々なアイデアを生み、地方再興へ導く一助となるでしょう。

60

少子高齢化社会に必要な街づくりとは何ですか？

回答者　富山市長　森　雅志

幹線道路等の交通網の整備に伴う、大型ショッピングセンターの郊外出店や公共施設や病院等の郊外移転によって街の機能は拡散し、中心市街地の賑わいは急速に低下しました。今もなお進んでいる少子高齢化、人口減少という問題を抱える中で、このように薄く広がった街では車がなければ生活しづらい拡散型の都市構造となってしまっています。

この拡散型の都市構造の進展は、

①自動車が主な移動手段となっている地域の、車を運転できない高齢者等の交通弱者に

とっては非常に不便。
②既存市街地の人口密度の低下や土地・建物の利用の希薄化を招く。
③道路・上下水道等の公共物の管理が非効率となり、膨大なコストがかかる。

といった多くのヒズミを生じさせています。各地域が限られた財源の中でこうした問題に対応する為には、すでにある資源を活用し、公共交通ネットワークが整備されている中心市街地に都市機能を集約し、さらに官と民、そして地域を良くしたいと考える多くの団体が連携するべきです。そうすることで賑わいが起こり、人々が集まり、子供から高齢者まで多くの人々にとって暮らしやすい街となります。

そんな『コンパクトな街づくり』を目指す必要があると考えます。

61

地域に必要とされる人材に大切なことは何ですか？

回答者　公益財団法人スペシャルオリンピックス日本理事長　有森裕子

自分が育った地域に愛情を持っていることが大切です。しかし地域の課題や求められていることに応えるには自分が育った地域だけを知っている人間では限界があります。まずは外の世界に出て、いろいろなことを学び、たくさんの出会いを経験しましょう。そのうえで改めて地域の良さを知ること。自分が育った地域を愛していることに気づき、その経験をいかに地域に持ち帰ることができるのかが重要となってきます。

地域に求められる人材とは、まずはその地域を愛している人です。愛を持って広い世界で経験したことを育った地域で活かす。そんな考え方を持ち、率先して地域の為に行動に移せる人材が必要とされているのではないでしょうか。

62

地域を再興するにあたり、求められる人材とは？

回答者 多摩大学大学院教授　田坂広志

現在、日本政府は「地方創生」という政策を推進していますが、地方が真に活性化する為には、従来のように、中央から地方への予算の配分や、地域への企業誘致といった「貨幣経済：マネタリー経済」の施策だけでは限界があります。

これからの時代には、こうした施策だけでなく、地域の住民や市民、企業や商店のボランティア活動に基づく「ボランタリー経済」を活性化し、活用すること、加えて、この「ボランタリー経済」と「マネタリー経済」を融合させていくことが、重要な施策となっていきます。

そして、この「ボランタリー経済」においては、金融資本よりも、知識資本、関係資本、信頼資本、評判資本、文化資本、共感資本といった「目に見えない資本」が大きな役割を果たしますが、これからの時代の「地域の豊かさ」とは、こうした「目に見えない資本」が豊かに創造され、活用され、蓄積されていくことでもあるのです。

では、いかにすれば、地域において、この「ボランタリー経済」と「目に見えない資本」を活性化していけるのか？　その鍵は、その地域において、志と使命感を持って様々な事業やプロジェクトに取り組む「社会起業家」と呼ばれる人材を育てることです。

ただし、この「社会起業家的人材」とは、単に志と使命感を持っているだけでなく、目の前の現実を変革する為の「7つの知性」を垂直統合して身につけた人材でもあります。その「7つの知性」とは、思想、ビジョン、志、戦略、戦術、技術、人間力という7つの知の力であり、優れた経営者やリーダーは、昔から、これら「7つの知性」をバランス良く身につけていました。

63

人間力がある若者とはどのような若者ですか?

回答者 公益財団法人スペシャルオリンピックス日本理事長　有森裕子

情報が安易に得られるこの時代に、今の若者はたくさんの討論をする機会があります。私も多くの若者を見てきましたが、立派なことを考えている人はたくさんいます。けれど、実際その考えを行動に移せる人はどれくらいいるでしょうか?

人間力がある若者とは、まずは自分の考えや、思いを行動に移せる人でしょう。実際に実行してみて初めて気づくことがたくさんあります。良いことも悪いことも経験してみて初めて分かるのです。しかし、その行動も自分勝手に行っていては意味がありません。

愛する地域の為に、もしくは愛する人の為に実行に移すことが大切だと考えています。

人間力とは一言で表現するのはとても難しいですが、自分の考えを実行に移す。まずはそのことがとても重要なことだと思います。

64

人間力を向上させる為には何が必要ですか？

回答者　公益財団法人スペシャルオリンピックス日本理事長　有森裕子

子供たちは大人の行動を見て育ちます。その為、まずは大人の行動が重要となってくるのだと思います。エネルギーがある大人が身近にいてその姿を見せる。そうすることで好奇心や、チャレンジ精神が生まれてくるものです。そして失敗をしてもそれを周りで支えてくれる存在も大切だと思います。失敗は誰にでもつきものです。失敗をしない人間なんていないのですから。だから失敗を恐れない行動力や、周りを巻き込むコミュニケーション能力はとても重要になってくるでしょう。

このコミュニケーションに必要なことは豊かな表現力です。豊かな表現力をもって周りを巻き込むコミュニケーションを行わなければ人はついてきません。

人間力を向上させる為にまず大人が重要となってくるのです。行動力があり、周りを巻き込むコミュニケーション能力がある大人が身近にいること。それがとても重要だと考えます。

65

2020年東京オリンピック・パラリンピックについてどうお考えですか？

回答者　地域活性学会副会長　御園慎一郎

いつの時代もスポーツが社会を変える力となってきました。１９６４年の東京オリンピックでは、新幹線や高速道路のインフラ整備が進み、テレビの普及など様々な経済効果をもたらしました。また、オリンピック選手に憧れスポーツをやりたい子供たちが増え、スポーツ少年団も誕生しました。プロスポーツでは、それまでトーナメントが主流だったものが、多くの競技でリーグ戦が導入されるなど、スポーツに対する国民の関心が高まった結果、スポーツ市場が誕生しました。

そして、２００２年の日韓ワールドカップでは、大会のレガシーともなるサッカースタジアムの建設が各地で進み、大会後には47都道府県でＪチームが誕生してサッカーが地域に根付きました。今回の２０２０年の東京オリンピック・パラリンピックではどんな経済効果、文化交流による社会変革がもたらされるのか。社会変革を促す為の３つのキーワードとして、「国民全員が自己ベストをつくす」「多様性との調和＝共生社会」「未来を考えること」が挙げられます。

66

災害ボランティアセンターとはどんな機関ですか?

回答者 全国社会福祉協議会　園崎秀治

災害ボランティアセンターは、被災者支援をしたいボランティアに対し、現在必要とされるニーズとのマッチングを行う機関となります。

災害に対応する機関としては、主に災害発生直後に「いのち」を守る活動を主とする市町村災害対策本部を「官」が、生活復旧期に「暮らし」を助ける活動を主とする災害ボランティアセンターを「民」が開設します。「災害対策本部」は、被災地の人々の「生命」「財産」「暮らし」を守る為に中心的な役割を果たす機関となりますが、公平性・平等性を求められるがゆえに、対応がどうしても全体的、画一的になり、機動性に欠けることが多くなりました。その為、阪神・淡路大震災以降は、一人ひとり個別のニーズに向き合った、きめ細かな対応が可能な「民」が経営母体の災害ボランティアセンターが開設されるようになりました。現在では主に市区町村社会福祉協議会によって運営されており、青年会議所としても運営に深く参画しています。

災害ボランティアセンターは主に「受付」「マッチング」「資機材管理」「ニーズの管理」を行っております。多い時には1日数万人ものボランティアをマッチングし、災害支援活動を行ってもらいます。災害ボランティアセンターの役割は非常に重要であり、常日頃からの準備が必要となっております。

公益社団法人　日本青年会議所

1949年、明るい豊かな社会の実現を理想とし、責任感と情熱をもった青年有志による東京青年商工会議所（商工会議所法制定にともない青年会議所と改名）が誕生。共に向上し合い、社会に貢献しようという理念のもと、各地に青年会議所ができ、1951年には全国運営の総合調整機関として日本青年会議所（日本JC）が設けられた。現在、日本全国に青年会議所があり、「修練」「奉仕」「友情」の3つの信条のもと、20歳から40歳までのメンバーたちがより良い社会づくりをめざし、ボランティアや行政改革等の社会的課題に積極的に取り組む。国会議員をはじめ、知事、市長、地方議員などの人材が輩出され、日本のリーダーとして幅広く活躍中。

日本を再生する66の提言

２０１７年12月５日　第１刷発行

編者　公益社団法人　日本青年会議所

発行者　見城　徹

発行所　株式会社　幻冬舎
〒１５１-００５１
東京都渋谷区千駄ヶ谷４-９-７

電話　０３(５４１１)６２１１(編集)
０３(５４１１)６２２２(営業)

振替　００１２０-８-７６７６４３

印刷・製本所　中央精版印刷株式会社

検印廃止

万一、落丁乱丁のある場合は送料小社負担でお取替致します。小社宛にお送り下さい。本書の一部あるいは全部を無断で複写複製することは、法律で認められた場合を除き、著作権の侵害となります。定価はカバーに表示してあります。

GENTOSHA
幻冬舎

© JUNIOR CHAMBER INTERNATIONAL JAPAN, GENTOSHA 2017　Printed in Japan
ISBN978-4-344-03222-4 C0095

幻冬舎ホームページアドレス
http://www.gentosha.co.jp/
この本に関するご意見・ご感想をメールでお寄せいただく場合は、
comment@gentosha.co.jpまで。